WOLFGANG HELD

SO KOMMT DAS NEUE IN DIE WELT

WOLFGANG HELD wurde 1964 geboren, studierte Pädagogik und Mathematik und war viele Jahre Mitarbeiter in der Mathematisch-Astronomischen Sektion am Goetheanum in Dornach. Gegenwärtig ist er dort im Bereich Kommunikation und Öffentlichkeitsarbeit sowie in der Redaktion der Wochenzeitung *Das Goetheanum* tätig.

Seit der ersten Ausgabe des Lebensmagazins *a tempo* schreibt er zudem monatlich über Fragen des schöpferischen Umgangs mit den Rhythmen der Zeit und des Lebens. Im Verlag Freies Geistesleben erschienen u.a. seine Bücher: *Alles ist Zahl – Was uns die Zahlen 1 bis 31 erzählen; Der siebenfache Flügelschlag der Seele – Leben mit dem Rhythmus der Woche; Vier Minuten Sternenzeit – Leben mit den kleinen und großen Rhythmen der Zeit* sowie *Im Zeichen des Tierkreises – Leben mit den Sternen.*

WOLFGANG HELD

SO KOMMT DAS NEUE IN DIE WELT

Brücken zum schöpferischen Ort der Zukunft

VERLAG FREIES GEISTESLEBEN

Originalausgabe
zum 70-jährigen Bestehen des
Verlags Freies Geistesleben

1. Auflage 2017

ⓔ auch als eBook erhältlich

Verlag Freies Geistesleben
Landhausstraße 82, 70190 Stuttgart
www.geistesleben.com

ISBN 978-3-7725-2876-7

Umschlaggestaltung: Maria A. Kafitz
Satz: Bianca Bonfert
Druck und Bindung: GGP Media GmbH, Pößneck
Printed in Germany

Inhalt

Gedanken zu diesem Buch 7

Brücken ins Neuland

Die Sehnsucht nach dem Neuen 11

Dem Alten die Stirn bieten 21

Das Tor des Denkens 25

Das Tor des Gefühls 29

Das Tor des Willens 33

Vertrauen in die eigenen Stärken 36

Ein Lob der Fehlerkultur 39

Räume des Neuen 42

Worte des Neuen 44

Die drei Zeitdiebe 47

Geschichten vom Neuen

Das Neue – der Mensch 59

Der aufmerksame Blick –
Wilhelm Conrad Röntgen 61

Die Freundin an der Seite – Bertha Benz 67

Der Idee treu – Johannes Kepler 75

Gegen den Strom – Hannah Arendt 81

Aus Verantwortung handeln – Emil Molt 87

Unermüdlichkeit – James Dyson 93

Das Gespräch 99

Literatur 103

Gedanken zu diesem Buch

Drei Gründe gibt es, warum es lohnenswert ist, sich dem Neuen zu widmen. Sich auf die Spur des Unbekannten und Fremden zu begeben heißt, den Weg zu sich selbst einzuschlagen, denn das Neue fragt nicht nach dem gewordenen Ich, vielmehr ist es ein Appell an das werdende, das schöpferische Ich. In der Begegnung mit dem Neuen zählen nicht Wissen und Routine, sondern vielmehr Fähigkeit und Flexibilität. Dieser Tätigkeitsquell dämmert in der Seele, solange das Leben in der gewohnten Umlaufbahn läuft, und beginnt zu sprudeln, wenn der Kompass auf Neuland zeigt. Eine neue Sprache, ein neues Musikinstrument oder ein neuer Autor, eine neue Sportart, ein neuer Freund, eine neue Gesprächspartnerin – all diesen Anfängen wohnt ein Zauber inne, ein Zauber, der die eigene Persönlichkeit größer und wacher werden lässt. Das ist der erste Grund.

Der zweite Grund liegt im Außen. Ob Arbeitswelt, Schule, Familie oder große Politik – es gibt wohl kein Lebensfeld, das sich gegenwärtig nicht grundlegend verändert, in dem es noch möglich ist, mit alten Begriffen und Vorstellungen zurechtzukommen. Sich in einer Welt im Wandel zu beheimaten, das gelingt am besten, wenn man selbst im Wandel ist. Dieser persönliche Wandel ist der Schlüssel, um nicht Opfer, sondern Gestalter der sich verändernden Umstände zu sein. So wie das Neue zu sich selbst führt, führt es auch in die Welt.

Der dritte Grund ist feiner und stiller. Er soll und kann am Anfang dieses Buches nicht als Gewissheit auftreten, sondern als eine Vermutung. Sich dem Neuen zu stellen oder engagiert auf es zuzugehen heißt, sich dem zu widmen, was noch nicht da ist, was noch unsichtbar ist. Es bedeutet, sich dem zuzuwenden, was nicht gewordene Form, sondern noch unbestimmte Kraft ist. Damit hat man es mit einem Medium zu tun, das noch nicht ganz von dieser Welt ist. Sosehr Gewohnheit und innere Treue wichtig sind, will man sich dem Höheren, dem Übersinnlichen zuwenden, gilt gleichermaßen, dass erst der mutige Schritt ins Offene, die Begegnung mit dem Neuen, die Seele empfänglich werden lässt für diese geistige Innenseite der Welt. Das Neue ist somit Schlüssel und Brücke, um sich selbst, die Welt und auch das Höhere zu finden. Vielleicht lautet deshalb im letzten Buch der Bibel das Versprechen: «Siehe, ich mache alles neu!»

Ich freue mich, wenn dieses kleine Buch helfen und dazu anregen kann, dass Sie, liebe Leserin und lieber Leser, Ihr ganz persönliches Neuland betreten.

Dornach, im Januar 2017 *Wolfgang Held*

Brücken ins Neuland

Die Sehnsucht nach dem Neuen

Neu! Brandneu! Das Neueste vom Neuen! Dem Neuen gilt die Zuneigung, gilt die Sehnsucht, denn das Neue ist anders, zeigt die Welt von einer anderen Seite und lässt in der Seele eine andere Seite erklingen. Das Neue, das Noch-nicht-Dagewesene hat eine Anziehungskraft. Der neue Tag, das neue Jahr – unbelastet, jungfräulich liegen sie vor uns, wie das leere Heft am ersten Schultag, wie das unberührte Schneefeld, in das man den ersten Schritt setzt. Das Neue – es ist die Antithese zur gewordenen, organisierten Wirklichkeit. Plötzlich ist alles möglich, stehen Türen offen, lassen sich die Weichen neu stellen. Der Philosoph Martin Heidegger beschreibt es als die große Zumutung des Menschen, dass man in eine gewordene Welt hineingeworfen sei. Tausend Bedingungen und Umstände bestimmen das Leben, sind, wie sie sind. Es ist das Neue, das von diesem Verhängnis des Gewordenen befreit, das die Würfel noch einmal in den Becher legt. Das Neue verspricht, dass die Zukunft nicht nur die Gegenwart fortschreibt, sondern vielmehr ein eigener schöpferischer Ort ist.

Fragen wir hingegen «Was wird?», so haben wir eine Zukunft im Auge, die sich aus der Gegenwart entwickelt. Wir fragen nach dem Werdenden, dem *Futurum* der Zeit. Überall, wo sich die Welt durch Ursache und Wirkung beschreiben und verstehen lässt, ist diese Frage vernünftig. Auf den fliegenden Stein folgt der Knall, dann die splitternde Scheibe. Was hier geschieht, ist eigentlich nichts «Neues», vielmehr folgt auf eine Ursache deren Wirkung. Ganz anders jedoch verhält es sich beim Wachstum einer Blume: Form und Farbe einer Blüte lassen sich niemals allein aus den schon bestehenden Blättern erklären. Mit der Blüte «kommt» etwas völlig Neues in die Gegenwart, hier wird die Zukunft zur Antwort auf die Frage: Was kommt? Mit dieser anderen Zukunft ist *adventus*, die Ankunft, gemeint. Hier ist die Zukunft eine Wirklichkeit, die als Möglichkeitsraum in die Gegenwart mündet. Aus Gesetz wird Möglichkeit, aus Schicksal Fantasie und Spiel. Die beiden Seiten der Zukunft, das Werdende und das Kommende, sind häufig eng verschlungen: Jeder neue Gedanke fußt auf all dem, was man bereits weiß, hat seine Wurzeln in der Vergangenheit und ist zugleich eine Schöpfung, bei der die Zukunft gegenwärtig wird.

Vielleicht ist die Kindheit das großartigste Ereignis des Gewebes von werdender und kommender Zukunft. Zum einen findet sich im Heranwachsenden ein reicher, durch viele Generationen wirkender Strom aus körperlichen und seelischen Erbanlagen, aus Körperbau, Temperament, Charakterzügen und Fähigkeiten. Zum anderen ist da aber auch die nicht zu fassende einmalige Persönlichkeit, die sich aus nichts anderem als sich selbst erklären lässt. Sämtliche biografischen Knotenpunkte, all die Krisen und Verwandlungen des Lebens sind in diesem Sinne Ausdruck davon, wie sich beide Seiten – das Werdende und das Kommende – begegnen können. Das Neue «wird» also nicht, es «kommt». Wie aber kommt das Neue in die Welt, in die eigene, persönliche Wirklichkeit?

Hunderte, ja tausende Geschichten, Märchen und Erzählungen, ob auf Papier oder auf der Leinwand, erzählen immer wieder aufs Neue das «alte» Spiel: Ein Leben geht seinen Gang, ein Tag folgt dem anderen. Was heute ist, bestimmt das Morgen – die werdende Zukunft. Doch mit einem Mal ist alles anders. Sei es die plötzliche Liebe, die das Leben aus den Angeln hebt, sei es ein unstillbarer Wunsch, von dem die Hauptperson erfüllt und getrieben ist, sei es die Katastrophe, die hereinbricht – immer ist da ein inneres oder äußeres Ereignis, das die Hauptperson aus der gewohnten Bahn wirft und auf die Reise schickt. Dabei gilt die Geschichte als umso spannender und folgenswerter, je fremder, unbekannter und gefahrvoller dieser neue Weg ist. Darin zeigt sich die ganze Widersprüchlichkeit des «Neuen». Können dem Zuschauer oder Zuhörer der Geschichte die Herausforderungen für den Akteur nicht groß genug sein, gibt es kein Zuviel an Steinen, die dieser auf seiner Reise aus dem Weg zu räumen hat, ist alle Skepsis und Reserve dann zugegen, sobald es um die eigene Haut geht und man selbst ins Wasser geworfen wird. Sehnsucht nach dem Neuen und Scheu vor dem Neuen liegen somit eng beieinander. Wir lauschen andächtig, beobachten gebannt, wie der andere auf unbekanntes Terrain gerät, danken aber zugleich dem Schicksal, dass man selbst die Alte oder der Alte bleiben darf. Die Urlaubsreise ins fremde Land, auf der man gleichwohl die heimische Küche genießt, ist nachgerade das Klischee dieses zwiespältigen Verhältnisses zum Neuen.

In den biblischen Evangelien von Markus, Lukas und auch Matthäus kann man die Rede von Christus über den neuen Wein in alten Schläuchen lesen. Gemeint ist dabei, dass das Neue auch eine neue Gestalt braucht. Das alte Gesetz, die alte Routine kann das Neue nicht tragen und wird zerreißen. Die Schlange, die im Wachstum immer wieder ihre alte Haut abstreift, eignet sich als Bild für diesen inneren-äußeren Wandel. Im Sprachgebrauch aber hat sich die umgekehrte Redewendung eingebürgert, sodass heute von «altem Wein in neuen Schläuchen» die Rede ist. Nur die Oberfläche ist neu, im Inneren bleibt alles im alten Zustand, ist unverändert. So ist die Erneuerung nur ein Schein, nur Tünche.

Wie gelingt der Sprung ins Neue, ohne dass Formen dem Neuen die Luft nehmen? Was früher «Selbstvertrauen» genannt wurde, wird in der Pädagogik und Psychologie heute etwas umständlicher als «Selbstwirksamkeitserwartung» beschrieben. Der kanadische Psychologe Albert Bandura brachte in den 1970er Jahren diesen Begriff auf und meint damit die Gewissheit, neue und schwierige Anforderungen aus eigener Kraft und eigenem Können bewältigen zu können.

Der Glaube an die eigene Wirksamkeit ist zweifellos ein Kern menschlichen Handelns, und gerade wenn es um das Neue geht, ist diese Willensseite des Selbstvertrauens ein Schlüssel. Denn gerade dieser innere Glaube, mit dem noch Unbekannten umgehen zu können und unbekannte Fragen beantworten zu können, entscheidet darüber, ob man dem Neuen die Hand reicht oder ihm aus dem Weg geht. Niemand versucht, etwas zu erreichen, wenn er nicht davon überzeugt ist, Resultate erzielen zu können.

Da liegt es nahe, dass Pädagogen untersuchen, wie man im Heranwachsenden den Glauben an die Selbstwirksamkeit stärkt, wie man lernt, sich etwas zuzutrauen. Das ist umso wichtiger in einer Zeit wie heute, in der ein umfassender Wandel stattfindet. Mag auch jede Zeit für sich reklamieren, dass sich die Dinge ändern, so gilt doch für die Gegenwart, dass sich mit der Digitalisierung – mit 3-D-Drucker, selbstfahrendem Auto und miteinander kommunizierenden Maschinen – die Wirklichkeit in einem Maß und einer Geschwindigkeit ändert, die vielfach mit der ersten industriellen Revolution Anfang des 19. Jahrhunderts verglichen wird. Mit der Dampfmaschine begann die industrielle Fertigung, die das gesamte Leben umkrempelte. Es entstanden eine Arbeiterklasse und neue Handelsströme. Eine Stadt wie Berlin wuchs von 1800 bis 1880 von weniger als 100.000 Einwohnern zu einer Millionenstadt. Anfang des 20. Jahrhunderts folgte mit dem Fließband die zweite industrielle Revolution und im letzten Drittel des letzten Jahrhunderts mit der Erfindung des Computers die Automatisierung. Nach den Fabriken erobern die Rechner nun im 21. Jahrhundert die Büros. Die amerikanische Unternehmensberatung Boston Consulting rechnet damit, dass in den nächsten zehn Jahren mindestens ein Viertel aller Arbeitsplätze von Software und Robotern übernommen werden wird. Andere Analysten empfinden diese Prognose als zu konservativ und rechnen mit der Hälfte aller Arbeiten. Schon mauern in Australien erstmals Roboter ein komplettes Haus ganz allein, und bald wird es vor allem in Städten normal sein, Lebensmittel wie Milch, Brot und Käse automatisiert per Kühlschrankscan zu beziehen. Entsprechend nehmen die Stimmen zu, die in der gesellschaftlichen Bewältigung dieser Umwälzung die größte menschliche Herausforderung des 21. Jahrhunderts sehen.

In einer derart komplexen und dynamischen Gegenwart ist es somit nur allzu verständlich, wenn man empfindet: «Ich kann doch nichts ändern – an meiner Lage und an der Welt.» Die Vorgaben, welche die Gesellschaft an uns stellt, scheinen heute immer schwerer erfüllbar – umso mehr wächst die Resignation.

Albert Bandura nennt nun vier Punkte, vier Erfahrungen, um die Selbstwirksamkeitserwartung zu steigern und welche – mit anderen Worten – die Liebe zum Neuen wecken:

1. Positive Erfahrung

Es beginnt schon ganz früh: Wer als Kind in der Wiege schreit und erlebt, dass daraufhin die Mutter kommt und einen in den Arm nimmt, der erlebt, selbst kaum einen Monat alt, sein eigenes Vermögen. Ich kann meine Lage verbessern, kann meine Mutter dazu bringen, mich in den Arm zu nehmen. Was erlebt demgegenüber das ungehörte Kind? Ich schreie, aber die Welt nimmt keine Notiz von mir, ich bin unwirksam. Es sind die Erlebnisse kleiner und größerer Erfolge, die das Vertrauen auf die eigene Wirksamkeit wachsen lassen. Hier braucht es keinen Zeugen, niemanden, der applaudiert, hier zählt nur die persönliche Erfahrung.

Mit meinen drei Töchtern ging ich einmal an einem Bachlauf spazieren. Da sprang die älteste über das Wasser, die zweite zögerte, schaute dann nach links und rechts und fand eine Stelle, an der sie zum Sprung ansetzte. Die kleinste presste die Lippen aufeinander, das andere Ufer schien unerreichbar. Dann sah sie den Stein im Wasser. Aus dem einen Sprung wurden zwei Schritte übers Nass. So hatten alle drei ihren Erfolg.

Auch ich selbst erinnere mich an einen ähnlichen «stillen» Erfolg: Von Rudolf Steiner gibt es die scheinbar so simple Übung, zu einer festgelegten Tageszeit irgendeine belanglose Handlung zu tun, um so den freien Willen zu schulen. Immer wieder dachte ich wenige Minuten vor der geplanten Zeit an den «Job», um ihn im entscheidenden Moment dann doch zu vergessen. Es dauerte eine ganze Reihe von Tagen, bis es mir zum ersten Mal gelang. Ein solch stiller Erfolg, die eigene Begrenzung ein klein wenig zu verschieben, lässt die Empathie für das Neue wachsen.

2. Die Beobachtung wirksamer Menschen, denen man sich ähnlich fühlt

Unter dem Stichwort der «Spiegelneuronen» wurde dieses Phänomen durch die neurobiologische Forschung in den vergangenen Jahren bestätigt. Wenn wir beobachten, wie Menschen, die uns nahestehen oder uns zumindest ähnlich sind, erfolgreich handeln, dann lernen wir ebenfalls. Es ist, als würden wir selbst das Werkzeug in der Hand halten. Wir ahmen geistig die Tat nach und schöpfen deshalb auch etwas Selbstvertrauen vom Gewinn der Tat. Wer einem anderen zeigt, wie etwas geht, sieht häufig, wie es dem anderen in den Fingern juckt, es nun selbst zu versuchen. Indem uns etwas gelingt, indem wir auf einem Feld Könnerschaft entwickelt haben, öffnen wir nicht nur uns selbst, sondern auch anderen die Tür zum Neuen.

3. Die Ermutigung durch andere

Es war in der zweiten Klasse. In einem großen Gurkenglas hatten wir Schülerinnen und Schüler lauter Münzen gesammelt. Auf dem Etikett stand «Klassenkasse». Da knallte der Lehrer klirrend den Schatz auf mein Pult und sagte: «Du zählst das jetzt – und zwar auf einen Zehner genau, das kannst du!» Es ist über vierzig Jahre her, aber ich empfinde noch heute die Woge an Zutrauen, das plötzliche Engagement in den Gliedern, das mich durchströmte. Das Vertrauen der anderen stiftet in uns Selbstvertrauen. So ist es möglich, im Gegenüber das Neue zu entfachen.

4. Die positive Interpretation körperlicher Vorgänge

Ein Schauspieler ging zu einem Arzt, weil er vor Aufführungen immer wieder an schrecklichem Lampenfieber litt. Der Puls beschleunigte sich, er begann zu schwitzen und sogar der Atem ging etwas schneller. Nun wollte er eine Therapie gegen diese Regungen seines Körpers. Anstelle eines Rezeptes sagte der Arzt: «Sie nehmen Ihr Publikum ernst, deshalb haben Sie Lampenfieber. Freuen Sie sich, dass, wenn es auf die Bühne geht, Ihr Körper so aktiv ‹mitspielt›. Dadurch gewinnen Sie die Präsenz auf der Bühne.» Sei es der Schweiß auf den Handflächen, das pochende Herz oder der Krampf in der Magengegend: Es gibt viele Formen, in denen sich körperliche Funktionen angesichts einer besonderen Herausforderung melden konnen. Wenn es nun aber gelingt, diese körperlichen Signale nicht als Alarmsignal gegen, sondern als Mobilisierung für das Neue zu begreifen, dann stärkt auch das die Selbstwirksamkeit. «Mein Herz pocht, die Zunge ist trocken – natürlich, so muss es sein, denn ich habe ja auch etwas Besonderes vor!»

Die Selbstwirksamkeitserwartung als Schlüssel, sich dem Neuen vertrauensvoll zu stellen, ist in einer Zeit revolutionärer Veränderung besonders wichtig, sie entscheidet darüber, ob man Teil der sich stetig wandelnden Gesellschaft ist, oder ob man aus ihr herausdriftet.

«Allem Anfang wohnt ein Zauber inne» – dichtete Hermann Hesse in seinem Gedicht *Stufen*. Warum aber fällt es so schwer, sich diesem Neuen zu stellen, wenn es an die eigene Türe klopft? Kinder seien Realisten, Jugendliche Idealisten und Erwachsene Skeptiker. Das schreibt Goethe in seinen *Maximen und Reflexionen* und kennzeichnet damit, dass zur Jugend die Zukunft gehört, so wie zum Erwachsenenalter die Scheu vor dem Kommenden. Es ist die Angst zu versagen, der Forderung des Fremden nicht genügen zu können, was sich als Skepsis äußert.

Um diese Skepsis gleichwohl zu Wort kommen und sich von der Dynamik der Gegenwart nicht berauschen zu lassen, lohnt es sich, sich das besondere Verhältnis, das unsere Kultur zum Neuen hat, bewusst zu machen. Warum messen wir dem Neuen einen so hohen Wert zu? Woher nehmen wir den Glauben, dass das Neue besser ist als das Alte?

Am besten lässt sich diese tief in den Knochen steckende Einseitigkeit zugunsten des Zukünftigen entdecken, wenn man in eine Kultur eintaucht, in der dieses nicht der Fall ist. Eine Kultur, die genau umgekehrt empfindet beziehungsweise empfand. Wer sich beispielsweise mit dem alten Ägypten beschäftigt, begegnet auf jedem Schritt den steinernen Zeugen eines Kulturlebens, das genau entgegengesetzt empfunden hat als unsere heutige westliche Kultur.

Nicht im Neuen liegt hier der Zauber, nicht in der Zukunft liegt das Versprechen, sondern im Alten. Die gesamte altägyptische Kultur begreift man nur dann, wenn man diese Sehnsucht nach dem Alten versteht. Vom Priester über den Wesir bis hinauf zum Pharao – jedes Amt diente der Sorge dafür, dass das Alte bestehen bleibe und wieder anwesend sei. Wollte man jemanden für seine Tat besonders loben, sagte man im alten Ägypten nicht: «Das hast du gut, das hast du schön gemacht.» Vielmehr gebrauchte man die Redewendungen: «Das hast du wie am Anfang gemacht.» – «Du hast das Alte wiederhergestellt.» So erklärt der Ägyptologe Jan Assmann auch den unvergleichlichen Bauwillen Ägyptens: Es ging darum, die Welt des Wandels mit dem Bild des Ewigen auszustaffieren.

Einmal, im 14. Jahrhundert v. Chr., trat ein Pharao auf, der mit dem Alten brach und einen neuen Glauben begründen wollte: Amenhotep IV. oder, wie er sich später «neu» nannte: Echnaton. Sein Wirken war für die alten Ägypter ein regelrechter Skandal, der – zusammen mit dem Umstand, dass das Land nach Echnatons Tod von einer der schlimmsten Pestepidemien heimgesucht wurde – die Menschen in ihrem Glauben bestärkte, dass man das Alte bewahren müsse. Ägypten war eine Kultur, in der alles von der Empfindung durchzogen war, dass man die Gemeinschaft mit den Göttern verloren habe, und alle Kunst und Kultur diente nur dem Zweck, dieses frühere göttliche Leben wiederzufinden. Der merkwürdig anmutende parallele Blick der ägyptischen Statuen ist in diesem Sinne ein Blick zurück – zurück in die alte Ewigkeit, die man einst verlassen hat.

Am Fremden das Eigene erkennen – dies ist in Bezug auf das Verhältnis zu Vergangenheit und Zukunft besonders gut am Beispiel des alten Ägyptens möglich. So wie man dort eine natürliche Hinwendung zur Vergangenheit hatte, so besteht heute umgekehrt die Orientierung auf die Zukunft. Fragten die Ägypter: «Wie bleibt oder wie kommt das Alte in die Welt?», so treibt die heutige Zeit die Frage nach dem Neuen: «Nur wer sich ändert, bleibt sich treu.» Dieser viel zitierte Satz des Liedermachers

Wolf Biermann aus seinem Lied *Nur wer sich ändert* von 1991 artikuliert das moderne Bewusstsein. Insofern sind die Suchbewegungen und Antworten auf die Frage nach dem Neuen auch Wege zur eigenen Identität.

Dem Alten die Stirn bieten

Es war meine Schatzkiste – persönlich und beruflich. Sie stand neben meinem Schreibtisch und war mit interessanten wissenschaftlichen Artikeln aus verschiedenen Zeitungen und Journalen gefüllt. In einer Zeit, als es noch keine Online-Archive der Redaktionen gab, hatte diese Kiste einen besonderen Wert. Immer wenn ein befreundeter Chefredakteur bei mir anrief und um einen Artikel für die Rubrik «Aus Technik und Wissenschaft» bat, kramte ich in der Schatulle, und es dauerte nie lange, bis mich ein solcher Zeitungsausschnitt zu einem eigenen Kommentar inspirierte. Die Materialsammlung zu meinen Füßen gab mir Sicherheit. Doch eines Tages war es damit vorbei. Ich schaute hinab – die Kiste war leer. Hunderte ausgeschnittene und ausgerissene Artikel – einfach fort. Es stellte sich heraus, dass sie der Student, der in den Büros putzte, für Altpapier gehalten hatte. Welch ein Schreck! Was bin ich noch ohne meine Kiste? Wenige Momente später aber auch: Welch eine Erleichterung! Endlich ist sie weg. Denn auch wenn ich von meiner Kiste nicht gerufen wurden, war sie da. Fortwährend erinnerte sie mich daran, wie viele interessante Artikel ich eigentlich zu lesen und zu verarbeiten hatte. Die schnelle Hand des Studenten hatte mir eine Last genommen, deren Gewicht ich erst in dem Augenblick spürte, als sie mir von den Schultern genommen wurde. Solche Last zieht nicht hinab, sie zieht nach «hinten». Angehäuftes aus der Vergangenheit verstellt den Blick für die Zukunft. Sich für das Neue zu öffnen bedeutet deshalb immer auch, etwas vom Alten und Vertrauten aufzugeben und sterben zu lassen.

Warum fällt dieser Abschied vom Alten so schwer? Weil man damit etwas preisgibt, das gerade in einer auf das Materielle orientierten Welt einen hohen Wert bedeutet: Sicherheit. Wir seien in Europa wie an keinem anderen Ort der Erde Konsumenten von Sicherheit, bemerkte der Philosoph Peter Sloterdijk. Jede Kultur hat für diesen Konflikt zwischen dem Leben, das aus der Zukunft ruft, und der Vergangenheit, die Sicherheit verspricht, ihre Bilder gefunden. Eines aus dem Fernen Osten lautet folgendermaßen:

Ein westlicher Gelehrter wollte von einem Zen-Meister Antworten auf all seine Fragen erhalten. Der Zen-Meister begrüßte den Fremden und bat ihn, an einem kleinen Tisch Platz zu nehmen. Voller Fragen über den Sinn des Lebens wartete der Mann ungeduldig auf den Meister. Der hatte sich entschuldigt und erklärt, dass er zuerst Tee kochen werde, bevor er dem Gast antworten. Der Besucher aus dem Westen wurde immer ungeduldiger. «Ich habe doch nicht den weiten Weg auf mich genommen, um nun Tee zu trinken», dachte er verärgert, «wahrscheinlich ist das gar kein wahrer Meister.» Und er sah sich enttäuscht den Heimweg antreten mit all seinen unbeantworteten Fragen. Kaum hatte er diesen Gedanken zu Ende gedacht, da stand der Zen-Meister vor ihm und goss den frisch aufgebrühten Tee in eine von Hand verzierte Tasse. Als diese sich füllte, hob er jedoch nicht die Kanne, sondern goss ununterbrochen weiter Tee nach. Die Tasse lief über, der Tee tropfte auf den Boden und dem ferngereisten Gast auf die Hand. «Halt», rief dieser, «sehen Sie nicht, dass die Tasse übervoll ist?» – «So ist es», erwiderte der Zen-Meister, «diese Tasse ist genauso voll wie dein Kopf mit Erwartungen, Vorstellungen und Meinungen! Wie soll ich dich etwas lehren? Geh, und komme erst wieder, wenn deine Tasse leer ist!» Wie aber wird die Tasse leer?

1984 bat der Regisseur Philip Gröning beim Orden der Kartäuser um eine Drehgenehmigung. Die Antwort lautete damals, dass es zu früh sei, das Ganze jedoch vielleicht in 10 oder 15 Jahren möglich sein könnte. 16 Jahre später kam dann tatsächlich ein Anruf aus dem Kloster La Grande Chartreuse: man sei jetzt bereit. In der Vorbereitung zum Film besuchte der Filmemacher Gröning schließlich für einige Zeit das Kloster. In einem späteren Interview beschrieb er, dass es mit dem auferlegten Schweigen nicht still werde. Vielmehr hätten sich all die inneren Stimmen gemeldet, was man falsch gemacht habe und hätte anders machen sollen und müssen. Nach einigen Tagen aber sei es tatsächlich still geworden, dann habe das Neue sich melden können, dann habe, so Gröning, das Schattenspiel einer Jalousie, der Dampf einer Teetasse mit einem Mal zu sprechen begonnen. Tatsächlich bedarf es einer fortgesetzten Anstrengung, um diesen inneren Raum für das Neue freizuschaffen. Natürlich aber kann der Einschlag auch von außen kommen.

Claus Otto Scharmer schildert diesen Moment des «Stirb und Werde» aus seiner Jugend eindrücklich in seinem Buch *Theorie U*. Ich kenne den heutigen Bauernhof seiner Eltern 40 km nördlich von Hamburg, doch in dessen Kindheit stand dort ein 350 Jahre altes Bauernhaus. Eines Tages wird der junge Claus Otto aus dem Unterricht der Hamburger Waldorfschule herausgerufen. Die Telefonleitung war tot, so fuhr er heimwärts. Schon von Weitem sah er riesige graue und schwarze Rauchwolken, die sich auftürmten. Hunderte Nachbarn, Feuerwehrleute und Polizei standen in der Hofeinfahrt. «Ich sprang aus dem Taxi und rannte die letzten 800 Meter unserer Kastanienallee hinunter durch die Menge hindurch. Als ich im Innenhof ankam, traute ich meinen Augen nicht. Die Welt, in der ich mein ganzes Leben bisher verbracht hatte, existierte nicht mehr. Sie hatte sich in Luft aufgelöst. Sie war in Rauch aufgegangen.» Er beschreibt, dass von dem alten Haus nichts mehr übrig war außer Flammen. «Als die Realität des Feuers vor meinen Augen langsam begann, in mich einzusinken, fühlte ich mich so, als hätte mir jemand mit einem Mal den Boden unter den Füßen weggerissen.» Der Ort seiner

Kindheit war weg, schreibt er. «Und während mein Blick immer tiefer in die Flammen drang, merkte ich, dass die Zeit sich verlangsamte. Mir wurde schlagartig klar, wie sehr ich mich, ohne es vorher zu bemerken, über die ganze materielle Welt definiert hatte, die jetzt vor meinen Augen in Flammen stand. Alles, was ich dachte, wer ich war, hatte sich schlagartig in nichts aufgelöst.» Doch dann schildert er die Umwendung: «Alles? Nein, denn ich fühlte, dass ein kleinstes Element von mir noch existierte. Jemand stand da noch und nahm alles in sich auf. Der Sehende in mir. War das mein wirkliches Ich?» Scharmer schreibt weiter, dass er sich von einem «gewaltigen Möglichkeitsraum, von einem zukünftigen Potenzial angezogen fühlte», das er durch sein eigenes Leben in die Realität bringen könne. Tatsächlich hat Scharmer in Seminaren, Workshops und als Begründer einer Praxis zur Vergegenwärtigung des Zukünftigen dieses Gefühl im Angesicht der Flammen in ein Leben geführt.

Was bei Claus Otto Scharmer – wie es plastischer kaum sein könnte – das Bauerngut aus dem 17. Jahrhundert war, das fächert sich in jeder Seele als die Fülle an Vorstellungen auf, die der Persönlichkeit Halt geben, aber sogleich ihr inneres Wachstum behindern. Jede Philosophie, angefangen bei den sokratischen Dialogen im alten Griechenland bis zu den Werken heutiger Denker, bemüht sich in den ersten Kapiteln darum, an den bestehenden festen Vorstellungen der Leser zu rütteln. Neben dem gedanklichen Hindernis zwischen dem Jetzt und der Zukunft gibt es zudem noch zwei weitere Hindernisse: seelische, die mit Lebensgewohnheiten zu tun haben, und materielle, bei denen es um den Besitz geht. Sich dem Neuen zu öffnen bedeutet, allen dreien die Stirn zu bieten.

Das Tor des Denkens

Das Klirren einer Münze, die auf den Asphalt fällt, der Gesang einer Nachtigall, die sich in die Innenstadt verirrt hat – zwei Geräusche, die ähnlich laut sind und doch sehr verschieden Gehör finden. Beinahe reflexartig wird sich jeder nach dem metallischen Geräusch umdrehen, während der Ruf des Vogels vermutlich ungehört bleibt. Warum? Im ersten Fall vergeht keine Sekunde und man weiß: Da fällt eine Münze zu Boden. Hundertmal hat man es gehört, und so bleibt kein Zweifel. Was man kennt, das erkennt man wieder. Allgemeiner: Aus der Vergangenheit lässt sich vieles der Gegenwart verstehen. Mit dem Lied der Nachtigall aber verhält es sich anders. Da man damit meist keine Erfahrung verbindet, bleibt es (für die meisten) unbemerkt und geht im Großstadtrauschen unter. Der Biologe Ernst-Michael Kranich nannte dieses Wiederfinden eines schon bekannten Eindrucks «registrierendes Beobachten». Es lohnt, sich in einer Gruppe nach einem Spaziergang darüber auszutauschen, was man gesehen und gehört hat. Wie unterschiedlich sind die Erfahrungen ein und des gleichen Spaziergangs, wie viel geht an den Augen vorbei?

Man sieht nur das, wofür man Begriffe hat. Und je mehr man weiß, umso mehr vermag man in dem Vielen der Welt das Einzelne zu entdecken. Doch viel zu wissen ist Segen und Fluch zugleich. Der Ausspruch «Ein Hammer sieht nur Nägel» bringt die Kehrseite des Klugseins ins Bild. Was ist damit gesagt? Dass all die Begriffe, all das Wissen, welches man in der Vergangenheit angehäuft hat, dazu verleiten können, nur noch das zu suchen und zu finden, was man schon kennt. Das Denken ist dann vergleichbar einer Spinne in ihrem Netz, die alles Neue, Fremde, das in ihre Fänge gerät, mit ihrem eigenen Faden umgarnt, bis nichts mehr Fremdes, Lebensvolles daran zu erkennen ist. In diesen Zusammenhang gehört auch die Geschichte eines Mannes, der unter einer Laterne seinen Autoschlüssel sucht. Ein Fußgänger kommt hinzu und fragt ihn, wo genau er seinen Schlüssel denn verloren habe. Darauf zeigt der Mann auf die andere Straßenseite: «Dort drüben, aber dort ist es dunkel.» Man mag über diese Dummheit schmunzeln, aber tatsächlich ist das Denken häufig in dieser Art beschaffen. Man sucht dort, wo das Licht ist, wo die vertrauten Begriffe sind, und nur ungern dort, wo die alten Begriffe nicht mehr tragen.

Damit das Neue in die Welt kommen kann, muss aber sowohl im Denken wie im Fühlen und im Wollen – den drei Seiten der menschlichen Seele – der Schritt ins Unbekannte getan werden. Hier soll es nun um den vermutlich leichtesten dieser Schritte gehen, den Schritt des Denkens. Dieser Schritt verlangt, dass man all das Wissen, all die Vorstellungen, die man besitzt, zum Schweigen bringen kann. «Da stell ma uns mal janz dumm», so empfiehlt es der Chemielehrer unvergesslich im Film *Die Feuerzangenbowle* seinen Schülern. Gemeint ist nichts anderes als die Unbefangenheit. Sie ist das erste und wohl leicht zu öffnende Tor für das Neue im Denken. An diesem Tor rüttelte Sokrates bei seinen Schülern, wenn er ihnen durch fortwährende Fragen die Beschränkungen ihres Denkens vorführte und freundlich, aber beharrlich zeigte, dass ihr vermeintliches Wissen nur ein Halbwissen war. Und noch mehr als das Nichtwissen ist es gerade das Halbwissen, das vermeintliche Wissen, das den Blick häufig auf die Wirklichkeit und das Neue, das sie bereithält, verstellt.

Wie sehr das Gehirn für das Denken von Neuem eingerichtet ist, zeigen die sogenannten «Gliazellen», welche mehr als zwei Drittel der gesamten Hirnmasse ausmachen. Diese weiß-grauen Füllzellen wurden lange in ihren Aufgaben und Fähigkeiten unterschätzt. Das erklärt letztlich auch den Namen, den sie durch ihren Entdecker, den Mediziner Rudolf Virchow erhielten, als er ihre Anordnung und Stützfunktion zwischen den Nervenzellen bemerkte. Denn *Glia* bedeutet «Kitt» oder «Leim». Bereits in der Vergangenheit war bekannt, dass Gliazellen nicht nur die Nervenzellen stützen und um die Neuronen einen Isolationsmantel bilden, sondern auch deren unablässige Versorgung mit Sauerstoff und Nährstoffen gewährleisten. Außerdem sorgen sie für den Abtransport der Fülle an Abfallprodukten von Nervenzellen. Durch diese umfassende Hilfestellung ermöglichen Gliazellen, dass sich die Nervenzellen allein der schnellen Reizübermittlung widmen können.

Dieser organische Dienst im Gehirn ermöglicht jedoch nicht nur Hochgeschwindigkeit, vielmehr gehört es auch zur Tätigkeit der Gliazellen, eine Überreizung, ein Zuviel an Nervenerregung zu verhindern. Das geschieht dadurch, dass die zwischen den Nervenzellen wandernden Botenstoffe ständig entfernt werden. Ohne das fortwährende substanzielle «Aufräumen» würde, so zeigten es Experimente, ein Sinneseindruck auch dann noch fortbestehen, wenn das Ereignis in der Außenwelt längst verschwunden ist. Die Gliazellen scheinen also fortwährend die Nervenzellen zu beruhigen, und zwar nicht beliebig, sondern gezielt und «dialogisch». Man entdeckte zudem, dass Gliazellen ebenso wie die eigentlichen Nervenzellen über molekulare Antennen und Synapsen verfügen, die nerventypischen Kontaktstellen. Das versetzt sie in die Lage, den Zustand der einzelnen Neuronen wahrzunehmen und spezifisch darauf zu reagieren.

Der Hirnforscher Helmut Kettenmann vom Max-Delbrück-Centrum in Berlin beschäftigt sich mit sogenannten Hilferufen von beschädigten Neuronen. Er konnte zeigen, dass Mikro-Gliazellen diesen molekularen Notruf empfangen, ihre spinnenbeinartigen Ausläufer einziehen und zu der betreffenden Schadstelle wandern, um diese aufzulösen. Unnötig gewordene Verbindungen werden – so Kettenmann – ständig abgebaut, um neu zu wachsenden Beziehungen zwischen den Zellen Raum zu geben. Es ist interessant, dass kein tierisches Gehirn einen solch hohen Prozentsatz an Gliazellen besitzt wie das Gehirn des Menschen. Dieses wiederum lässt sich nicht ohne die hochlebendigen Gliazellen verstehen. Sie gehören zum verborgenen Leben des Kopfes, das versorgt, beruhigt und Unnötiges auflöst und beseitigt.

Was im Geistigen als die kontinuierliche Pflege der Ideen, als Selbstbeobachtung im Denken, als notwendiger Abschied von alten Vorstellungsmustern erscheint, findet sich in den beschriebenen Prozessen der Gehirnzellen auf physischer Stufe wieder. Im Sinne der Gliazellen bedeutet geistige Entwicklung, alte Vorstellungen und Denkformen zu entlarven und aufzulösen, um dem Neuen Raum zu geben. Das menschliche Gehirn erscheint somit als ein unablässiges Angebot, Neuland zu betreten. Das, was die Gliazellen organisch leisten, das muss man im Erkenntnisprozess bewusst vollziehen und beispielsweise Halbwissen als solches erkennen.

Ein kleiner Test soll zeigen, welch blinden Fleck Halbwissen erzeugt: Im Regal steht ordentlich aufgereiht eine zehnbändige Goethe-Ausgabe. Jeder Band hat 100 Seiten. Das sind 50 Blatt Papier. Ein Wurm frisst sich nun von Seite 1 in Band 1 bis Seite 100 in Band 10. Durch wie viele Seiten wandert er, wenn man Einband und Ähnliches nicht berücksichtigt? Man wird wohl sagen: «500!» – und liegt damit falsch. Denn nicht anders als Sokrates' Schüler wird man durch Scheinwissen in die Irre geführt, wenn man nicht unvoreingenommen beobachtet und nachdenkt. Wer sein vermeintliches Wissen zurückzudrängen vermag, wird die Lösung finden, wird – und das ist wohl das eigentliche Geschenk dieser Mühe – das Neue, was jeder andere Mensch uns fortwährend zuträgt, bemerken und zu fassen vermögen.

Das Tor des Gefühls

Eine Geschichte, ein Lehrstück aus den Vereinigten Staaten: Ein deutscher Student wollte einige Monate durch Nordamerika reisen. Dabei beeindruckte ihn ein Ratschlag besonders: «Sei so unbefangen und positiv gestimmt wie möglich, dann bilden sich neue Wege, denn das Land antwortet in der Tonlage deines Gemütszustandes. Wenn du zweifelst, zögerst, dann wird es schwierig um dich, dann wirst du in den Städten vielleicht ausgeraubt. Bist du vertrauensvoll, dann geschieht viel Positives – die Welt spiegelt deine Stimmung.»

Mit wenig Geld, aber umso mehr Zuversicht machte er sich in diesem Sinne auf die Reise und stand bald in New York – dieser Stadt der Städte – vor einer Häuserzeile, die gerade renoviert wurde. Eine Gruppe junger Arbeiter brachte Gipsplatten an den Wänden einer Eingangshalle an, andere schlossen die Fugen mit Gipsputz. Als er so auf das handwerkliche Treiben schaute, stellte sich ein Mann neben ihn, und bald kamen sie ins Gespräch. Nach wenigen Minuten kam die überraschende Wendung: «Ich muss für einige Tage an die Westküste, könntest du diese Arbeiter so lange beaufsichtigen?» Es war der Bauch, der den deutschen Akzent beim Studenten hörte und daraus schloss, dass er ein Handwerksprofi sein müsse, da er ja aus dem Land der Zünfte und Meister komme. Der Student ergriff die Gelegenheit. Er fand schnell den Versiertesten in seiner ihm nun unterstellten Bautruppe, schaute von diesem die Handgriffe ab, um daraufhin die anderen Bauleute korrigieren zu können. Bald wurde er zu weiteren Baustellen geschickt, hatte unversehens genug Geld in der Tasche und – Gold wert – zugleich eine Fülle von Tipps und Adressen für seine weitere Reise durch das große Land.

Die Zuversicht und das weite Herz des Reisenden (und das positive Vorurteil) brachten den Bauunternehmer auf die Idee, ihn zum Stellvertreter zu ernennen. Das Neue, sei es ein Einfall, eine überraschende Perspektive oder wie hier ein unerwartetes Angebot, sucht sich seinen Boden in einem unbefangenen Herzen. Gleichzeitig wird man erst in solch einer Haltung das Neue bemerken.

«Nicht was wir erleben, sondern wie wir empfinden, was wir erleben, macht unser Schicksal aus.» Dieser Gedanke von Marie von Ebner-Eschenbach beschreibt diesen Schlüssel für das Neue. Die Dichterin lenkte dabei den Blick auf die Tatsache, dass all das, was einem widerfährt, erst durch die Art, wie man es erlebt und bewertet, zur Wirklichkeit wird.

«Zum Menschen gehört, dass er sich verhalten kann.» Das ist der gleiche Gedanke noch kürzer und meint, dass der Mensch dadurch zum Menschen wird, dass er sich «verhalten», sich frei ins Verhältnis setzen kann. Alles, was ihm widerfährt, kann er so oder so nehmen. Erst wenn wir den Dingen, indem wir sie empfinden, einen Namen geben, werden sie Wirklichkeit. In diesem Sinne ist es möglich, die Vergangenheit dadurch zu ändern, dass man ein neues Verhältnis, neue Empfindungen zum einst Geschehenen entwickelt. Gleiches gilt für die Zukunft. Das Neue kann als «Störung» der bekannten Trampelpfade empfunden werden oder als neue Perspektiven. Damit ist nicht gemeint, sich die Welt schönzureden, zu verklären, sondern die eigene skeptische Grundstimmung zurückzudrängen. Alles Neue stört die Routine, bringt notwendig Verunsicherung mit sich. Ein offenes Herz wird in der Irritation, die alles Fremde mit sich bringt, die Perspektive entdecken und den Gruß der Zukunft wahrnehmen können.

Es gibt viele Worte, die zu dieser Unbefangenheit für das Neue aufrufen. «Scherben bringen Glück», lautet die prosaische

Wendung. Poetischer lässt es Friedrich Schiller seinen Wilhelm Tell sagen: «... und neues Leben blüht aus den Ruinen».

«Der Mensch spielt nur, wo er in voller Bedeutung des Wortes Mensch ist, und er ist nur da ganz Mensch, wo er spielt.» Dies ist einer der eindrucksvollsten Gedanken von Friedrich Schiller, dass Menschsein und Spiel zwei Seiten einer Medaille seien. Warum liegt im Spiel eine solch große Erfüllung – und oft auch Versuchung? Ein Grund zeigt sich, wenn man beim Spiel mit Karten beisammensitzt, sich gemeinsam über ein Brett mit Figuren beugt oder mit- und gegeneinander einem Ball nachjagt: Dann nämlich lebt man im Gefühl zusammen. Es scheint widersprüchlich, weil ja der eine verliert und der andere im gleichen Moment triumphiert, und doch wächst im Spiel ein gemeinsamer Gefühlsraum.

Was sonst im Leben schwer gelingt – dass man ohne Wenn und Aber fühlt wie der andere Mensch –, das schenkt das Spiel in jedem Moment von Neuem. Dies ist ein Phänomen, das für die Frage nach dem Neuen interessant ist. Der oder die andere schießt ein Tor, trifft den Korb, setzt matt, ist eher am Ziel – es wäre kein Spiel, wenn man nicht auch dann, wenn sich Gewinner und Verlierer scheiden, in diesem gemeinsamen Gefühlsraum bliebe. Im Spiel schaffen alle, die teilnehmen, zusammen eine kleine Welt, die deshalb so groß ist, weil in ihr fortwährende Aufmerksamkeit herrscht. Sie ist der Treibstoff, der Boden des Spiels. Spielen kann man nicht mit halbem Herzen, sondern nur als ganzer Mensch und mit voller Hingabe. Sonst verdirbt man das Spiel, ist ein Spielverderber.

Was wäre, wenn dies auch dann gelingen würde, sobald man mit seinen Lehrerkolleginnen und -kollegen über eine schwierige Klasse nachdenkt, man als Arbeitsteam nach neuen Wegen sucht oder als Familie den nächsten Schritt plant? Was wäre, wenn man auch in diesen Fällen ebenso engagiert gemeinsam fühlen würde wie im Spiel? Wenn man wie in die Stellung der Figuren oder den Lauf des Balls so in das eintauchen würde, was der andere sagt, und die Beweggründe und Blickrichtungen wahrhaft mitfühlen könnte, die den anderen zu seiner Haltung veranlasst haben? Was wäre, wenn nicht leiser Ärger über die andere Perspektive in der Seele Platz greifen würde, sondern unbefangenes Interesse wie nach dem Ball, der plötzlich in eine andere Richtung springt? Kurz: Was wäre, wenn der andere Mensch die ganze Welt würde?

Der Philosoph Martin Buber hat wie kein anderer diese Frage zu seiner Lebensfrage gemacht. In seinem Grundwerk *Das dialogische Prinzip* unterscheidet er zwei Arten, sich einem Mitmenschen zuzuwenden. Betrachte ich sein Aussehen, erkenne ich Eigenschaften, verstehe vielleicht sogar seine Gedanken, so erfasse ich ihn als ein «Es», ein Gegenüber. Wenn man sich prüft, ist dieses Gegenüber jedoch kaum etwas anderes als ein Gegenstand. Ein Gegenstand aber ist geworden, ist immer Vergangenheit. Ganz anders wird es, wenn man in den anderen Menschen hineintaucht, sich mit seiner ganzen Persönlichkeit diesem Menschen widmet – dann beginnt die Welt aus dessen Augen auf einen zuzukommen. Das so gesteigerte Einfühlungsvermögen wird zu einer neuen Art, die Welt zu sehen. Alles erscheint in neuem Licht, wenn man auf diesem Weg die Empfindungen des anderen Menschen zu den eigenen werden lässt. Und wie im Spiel – nun auf einer höheren Stufe, auf der man kein Brett, keine Karten, keinen Ball mehr benötigt – ist man mit seinem ganzen Wesen dem Augenblick hingegeben. Einem Augenblick, in dem durch das Gefühl des Mitmenschen die Welt ein neues Gesicht zeigt. Martin Buber gibt Hunderte, oft poetische Bilder, was in diesem heiligen Moment geschieht: «Solang der Himmel des DU über mir ausgespannt ist, kauern die Winde der Ursächlichkeit an meinen Fersen, und der Wirbel des Verhängnisses gerinnt.» Oder kürzer: «Das ‹Es› ist die Puppe – das ‹Du› der Falter.»

Das Tor des Willens

Es gibt Wörter, die sich kaum in eine andere Sprache übersetzen lassen, weil in ihnen zu viel an typischer seelischer Haltung mitschwingt. Im Deutschen sind es Wörter wie «Abendstille» oder «Schadenfreude». Hier sucht ein Dolmetscher lange Umschreibungen, will er sie ins Englische oder Französische übersetzen. Andere Sprachgemeinschaften belassen deshalb diese besonderen Wörter in ihrer ursprünglichen Sprache. So ist das italienische *dolce vita* schwer mit «süßem Leben» zu übersetzen, und für das niederländische *heel gezellig* sind «gesellig» oder «gemütlich» zu kalt und zu bieder.

Was Menschen einer Sprachgemeinschaft als besondere Fähigkeiten – aber auch als Schatten – in sich tragen, dafür gibt es Wörter, die man kaum aus dem Lebensgefühl, dem seelischem Feld dieser Beschreibungen lösen kann. Thea Dorn und der Schriftsteller Richard Wagner haben in dem Buch *Die deutsche Seele* 65 besonders deutsche Wörter von «Abendstille» und «Abgrund» bis «Wiedergutmachung» und «Zerrissenheit» untersucht. Auch für die Frage nach dem Neuen ist ein solch besonderes Wort interessant: das amerikanische Wort *encourage*. Man übersetzt es mit «ermutigen», «anspornen» oder vielleicht «fördern», aber keines dieser Worte ist ähnlich offenherzig und zugleich kraftvoll wie *encourage*. Es beschreibt die vor allem in den Vereinigten Staaten anzutreffende Tugend, ohne Missgunst und Zweifel auf die Fähigkeiten eines anderen zu bauen.

Jemanden in diesem Sinne ermutigen zu können, das verlangt, einen inneren Widerspruch zu bewältigen. Denn zum einen bedeutet Ermutigung, von jemandem etwas Zukünftiges zu erwarten, das jetzt noch nicht sichtbar ist – es ist ein Vorgriff auf dessen Zukunft. Man weiß selbst noch nicht, wie sie werden wird, denn hätte man davon eine Vorstellung, müsste der andere ja diese Vorstellung erfüllen. In ihm würde die Ermutigung nicht etwas «frei»setzen, sondern im Gegenteil: sie würde ihn binden. Zugleich heißt Ermutigung aber auch, einen anderen Menschen zu meinen, sich in ihn hineinzuversetzen und aus dem Erlebnis seiner – vielleicht noch ungeborenen – Kraft etwas von seinen Möglichkeiten fassen und anstoßen zu können.

Verbindlich und doch frei lassend, so lautet der lebendige Widerspruch des Ermutigens. Vermutlich ist bei jedem Menschen, wenn er auf seine größeren Lebensleistungen blickt, an wichtigen Stellen seiner Biografie ein solch ermutigender Zuruf zur Stelle gewesen. Joachim Daniel, ein versierter Vortragsredner und Kursleiter, erzählte mir seine zentrale Befeuerung. Er war Student der Geschichte und besuchte einen Vortrag in Tübingen. Im anschließenden freien Gespräch machte er den Redner auf dessen Fehler in seinem Vortrag aufmerksam. Der Vortragende, vermutlich etwas allzu sehr von sich eingenommen, wollte von der jungen Gegenrede nichts wissen. Darauf stand im Publikum der Veranstalter des Vortragsabends auf, zeigte auf den Studenten und sagte: «Und nächste Woche halten Sie uns einen Vortrag zu dem Thema!» So kam es zur Feuertaufe und dem Beginn einer Jahr für Jahr zunehmenden Vortragstätigkeit von Joachim Daniel.

Andere Menschen vermögen so – vielleicht mit nur einem Satz, einer kleinen Aufforderung – einen großen Willensstrom in Gang zu setzen. Ich schreibe nun seit 17 Jahren monatlich einen Artikel für das Magazin *a tempo* der Verlage Freies Geistesleben und Urachhaus sowie in anderen Publikationen wie beispielsweise *Das Goetheanum*. Angefangen hatte es wenige Jahre zuvor, als der damalige Redakteur Martin Barkhoff mit mir am Tisch saß und mit Bleistift einen Kleiderbügel auf ein Papier malte. «Du könntest Artikel schreiben wie dieser Kleiderbügel.» Ich verstand noch nichts. «Die Hose an dem Bügel, das ist das, was du in der Welt Besonderes siehst und hörst. So wie der Bügel einen Haken hat, an dem man ihn mit der Hose an die Stange hängt, so kannst du versuchen, die Geschichten, Beobachtungen auch oben anzuhängen. Nur ist es hier keine Stange, sondern es ist eine Idee, eine geistige Perspektive, an die man anknüpft – es ist der Himmel, an den du das Irdische hängst.» Neben der für mich so interessanten Beschreibung war es ebenso seine Zuversicht in mich und meine Möglichkeit zu schreiben, die mir den Antrieb verlieh.

Verbindlich und doch freilassend, so lautet der lebendige Widerspruch des Ermutigens.

Vertrauen in die eigenen Stärken

1994 geschah in Südafrika das Wunder: Nelson Mandela wurde erster schwarzer Staatspräsident des Landes. Gut dreißig Jahre nach Martin Luther Kings Rede – «I have a dream» – wird dessen Vision, dass man nicht wegen seiner Hautfarbe, sondern seines Charakters beurteilt werden sollte, für Nelson Mandela Wirklichkeit. Damit begann eine neue Zeit. Stefan Roth durfte als erster Journalist Mandela interviewen. Zu dessen Tod 2013 erinnerte sich Roth an diesen Moment und beschrieb, wie leichtfüßig der große Mann trotz der jahrzehntelangen Gefangenschaft auf ihn zukam.

Wie beim amerikanischen Friedenskämpfer ist auch Mandelas Waffe das Wort – und so ging seine Antrittsrede als Präsident in die Geschichte ein. Er zitierte die amerikanische Friedensaktivistin und Autorin Marianne Williamson: «Unsere tiefste Angst ist nicht, dass wir unzulänglich sind. Unsere tiefste Angst ist, dass wir grenzenlos machtvoll sind. Es ist unser Licht, nicht unsere Dunkelheit, das uns erschreckt.» Kürzer lautet es: «Wir haben nicht Angst vor unseren Schwächen, sondern vor unseren Stärken.»

Wie ist dieser Satz zu verstehen? Es ist die Scheu vor der eigenen Courage, dass man Ernst macht mit seinen Ideen und Vorhaben. Dies berührt das Verhältnis zum Neuen. In Zeitschriften und Büchern, im Internet und im Fernsehen erfährt man gerne das Neueste. Die «Neuigkeit» ist die geliebte kleine Schwester des Neuen. Bei ihr bleibt die vertraute Welt, wie sie ist. Und noch wichtiger: Man selbst bleibt, wie man ist. In der Perspektive des Beobachters sitzt man im Lehnstuhl und kann die Neuigkeit gelassen zur Kenntnis nehmen.

Anders das Neue. Das Neue fragt nach der gesamten Persönlichkeit, lässt nichts ungeschoren und ist deshalb eine «Zumutung». In diesem Wort steckt der Mut, den man braucht, um sich so in den Wind des Neuen zu stellen. Wer einmal zitternd auf dem Fünfmeterbrett eines Sprungturms stand oder mit einem Instrument in der Hand einem erwartungsvollen Publikum gegenübertrat, der weiß, dass der Mut für den Schritt ins Ungewisse aus einer verborgenen Region der eigenen Persönlichkeit kommt. Das Wort «Herausforderung» ist dabei wörtlich zu nehmen. Diese versteckte Kraft wird ans Licht gerufen, wird herausgefordert. Mathias Wais, Biografiebegleiter und Autor, beschreibt in seinem Buch, *Ich bin, was ich werden könnte,* zwei Arten des menschlichen Ichs: neben dem alltäglichen Ich, der vorstellbaren Persönlichkeit mit ihren Eigenschaften, gäbe es das zukünftige, das höhere Ich. Dessen Substanz, so Wais, sei «Aufbruch».

Während das gewordene Ich, das Ich der Vergangenheit, in Mimik, Antlitz und all den persönlichen Eigenschaften klare Gestalt besitzt, ist beim zukünftigen Ich viel weniger eine Kontur zu fassen, sondern Kraft und Energie.

Die Scheu vor den eigenen Stärken ist somit zugleich die Scheu vor dem zukünftigen, dem großen Ich, das aus der sicheren heimatlichen Welt aufbrechen will. Vor diesem Hintergrund ist es verständlich, dass man zögert, sich dieser Kraft, die in den eigenen Stärken schlummert, zu überlassen. Den Schwächen – auch wenn es unangenehm sein mag – kann man die Stirn bieten, kann sich ihnen gegenüberstellen. Man behält den sicheren, vertrauten Boden. Anders ist es mit den Stärken. In ihnen ist eine Kraft lebendig, die – bildlich gesprochen – vom Land aufs Meer führt. Das mag Nelson Mandela im Auge gehabt haben, als er seine Antrittsrede hielt. Die eigenen Stärken hervorzukehren bedeutet dabei nicht, sich von anderen Menschen abzusetzen – im Gegenteil. Der Gedanke Mandelas endet nicht grundlos mit folgendem

Satz: «Wenn wir unser eigenes Licht strahlen lassen, geben wir unterbewusst unseren Mitmenschen die Erlaubnis, dasselbe zu tun.» Das bedeutet, dass es für die Mitmenschen ansteckend ist, wenn man in sich das Neue zulässt – oder deutlicher formuliert: Was man in der eigenen Seele als Neues aufbringt, das bringt man auch für und in anderen auf den Weg.

Ein Lob der Fehlerkultur

Vermutlich gibt es keine Arbeitsbeziehung, die so gut untersucht wurde wie diejenige von Chefpilot zu Copilot. Ob ein Flugzeug im Notfall abstürzt oder gerettet werden kann, hängt zum großen Teil von der reibungslosen Kommunikation zwischen den beiden Piloten ab. So selten heute Flugzeugabstürze vorkommen, so gut werden sie untersucht. Motiv ist es dabei weniger, einen Schuldigen zu finden, als vielmehr, aus den Katastrophen Lehren zu ziehen. Eine der zentralen Erkenntnisse lautet, dass bei einem Flugzeugabsturz mindestens drei Fehler zusammenkommen müssen, bis tatsächlich ein Unglück geschieht. Gleiches gilt für das persönliche Leben. Die kleinen Katastrophen des Alltags haben in der Regel die Summe mehrerer kleinerer Fehler oder Unterlassungen als Ursache. Das Auto springt nicht an, der Akku vom Handy ist nicht aufgeladen und man ist zu spät aus dem Haus gegangen. Drei Probleme, die in der Addition dann größere Schwierigkeiten verursachen können.

Viel Energie ist von Flugzeugingenieuren und Psychologen deshalb in die Beantwortung der Frage geflossen, wie man die Summe von drei Fehlern vermeiden kann – beziehungsweise wie man nach einem ersten Fehler ausschließen kann, dass sich ein zweiter oder gar ein dritter ereignet. In Bezug auf Fehlerentstehung ist der Mensch sowohl das schwächste als auch das stärkste Glied in der Kette. Computergesteuerte Abläufe sind dem Menschen immer dann überlegen, wenn es darum geht, eine Routine minutiös einzuhalten. Zum Menschsein gehört, dass man in dem einen oder anderen Moment abgelenkt und unkonzentriert ist. Doch diese Schwäche im Vergleich zu Maschine und Computer gleicht der Mensch dann um ein Vielfaches aus, wenn es darum geht, in einer außergewöhnlichen Situation aus Geistesgegenwart zu handeln und jenseits vertrauter Arbeitsroutinen eine Lösung zu finden. Aus diesem Grund mag es auf absehbare Zeit zwar einen Autopiloten und eine Landeautomatik geben, aber eben auch immer den Piloten, der diese Flughilfen im Auge hat. Wenn also nun der Mensch, diese «notorische Fehlerquelle», im Cockpit unersetzbar ist, dann bedeutet das, dass man Fehler nicht ausschließen kann. Daraus folgerten die Unfallexperten, dass es darauf ankomme, den ersten oder spätestens den zweiten Fehler zu bemerken, damit der dritte nicht passieren kann.

Die eigentliche Schwachstelle machten die Unfallexperten in der Kommunikation der Fehler aus. Sei es aus Angst vor Sanktionen oder aus Misstrauen: Wenn man einen Fehler entdeckt hat – vor allem, wenn man ihn selbst begangen hat –, dann scheut man sich naturgemäß, ihn dem anderen Piloten mitzuteilen. So sind über die Stimmenrecorder zahlreiche Flugzeugabstürze dokumentiert, bei denen der Copilot beispielsweise einen drohenden Strömungsabriss wegen zu langsamer Geschwindigkeit zwar bemerkte, aber nur verhalten seinen vorgesetzten Chefpiloten darauf aufmerksam machte. Scheu auf der einen Seite und allzu robustes Selbstbewusstsein auf der anderen Seite führen dann mit zum Absturz. «Die beste Unfallverhütung», so Hans Rahmann, viele Jahre Verkehrspilot bei der Lufthansa, «ist deshalb, im Cockpit ein Klima zu schaffen, in dem man Fehler offen einräumt.» Ein vertrauensvoller Umgang miteinander ist dazu die Grundlage. «Das gelingt den weiblichen Piloten häufig etwas besser als ihren männlichen Kollegen», ergänzt Rahmann.

Eine Atmosphäre, in der eine falsche Entscheidung, der Misserfolg, das Fehlurteil zum Geschäft gehören und als Teil gemeinsamen Lernens willkommen sind, hilft nicht nur, Fehlentwicklungen zu entdecken, sondern öffnet ein Fenster in die Zukunft. Mit jedem neuen Schritt, jeder neuen Idee, die man verwirklicht, antwortet die Welt unerwartet, zeigt das Alte Widerstand. Wenn die Fehler, die aus solchen Überraschungen entstehen, zugelassen werden, ist die Bereitschaft, ins Unbekannte zu gehen, größer. «Fehlerkunde» sollte ein Schulfach werden. «Wir schreiben Klassenarbeiten nicht, um eure Schwächen festzuhalten, sondern damit ich als Lehrer weiß, was wir noch lernen müssen», so ein Lehrer zu seiner Klasse. Fehler zu bereuen lenkt den Blick in die Vergangenheit, Fehler zu verstehen hebt ihn in die Zukunft. «Fehler formen den Menschen», lautet ein jüdisches Sprichwort, und tatsächlich, es sind häufig die Irrtümer, an denen man erwacht und einen Weg, den neuen Weg zu sich findet.

Räume des Neuen

«Die Götter hätten jedes Land wählen können – sie wählten Griechenland.» So lautete vor Jahren der Werbespruch des Tourismusverbandes der «Wiege Europas». Wer Griechenland bereist, wird den Textern recht geben. Die zwölf Götter des Olymps waren Götter, die liebten und stritten, im Rausch irrten und auch Reue empfanden. Es waren Götter mit menschlichen Zügen. Und so ist auch das Land. In seinen Bergen, Schluchten, Inseln und Sümpfen begegnet man überall menschlichem Streben und Handeln. Mit einer schier unermesslichen Zahl von Tempeln, Grabhäusern und kleinen Heiligtümern kultivierten und humanisierten die Griechen diese Geografie. In der Antike gab es wohl keinen Ort in Griechenland, von dem aus das in der Landschaft kreisende Auge nicht auf einen von Menschenhand errichteten Tempel stieß.

«Landschaft der Seele – Seele der Landschaft», so nannten die alten Griechen die Korrespondenz der inneren seelischen Stimmung zur äußeren Stimmung der Landschaft. Auf das ägyptische Prinzip «wie oben, so unten» antwortete Griechenland mit «wie außen, so innen». In Prozessionen durch die unterschiedlichen Landschaften des alten Griechenlands wurden diese Spiegelungen religiös erhöht, was sich noch heute erleben lässt. Wer einmal von der felsigen Höhe des Apollon-Heiligtums in Delphi den Blick in die Weite schweifen lässt, spürt die Kraft und Klarheit, die diesem Gott zugesprochen wurde. Wer an einem Hera-Tempel, häufig an einer geschützten Bucht gelegen, innehält, der mag etwas von dem mütterlichen Schutz, den die Griechen in Hera sahen, nachempfinden. Ähnliches lässt sich für ein Demeter-Heiligtum in einer fruchtbaren, von Bergkämmen gefassten Ebene oder für ein auf einer Bergspitze gelegenes Zeus-Heiligtum beschreiben.

Von solchem Zusammenklang des Gefühls mit der Landschaft kann heute keine Rede mehr sein, aber so frei und emanzipiert man heute von der Natur geworden ist, so ist doch ein Rest an Verbindung und Inspiration geblieben. Die Stimmung der Landschaft vermag vielleicht nicht mehr leicht zu erfüllen, aber sie vermag jeden zu berühren.

Vermutlich ist es die Sehnsucht nach dem Zauber dieser Berührung, der in der Ferienzeit die Menschen auf Reisen bringt. Es ist nicht nur die Abwesenheit von Beruf und Schule, was die Ferien zu Ferien macht, sondern eben diese Möglichkeit, von anderen Landschaften berührt und inspiriert zu werden. Seien es Meditationsseminare in der kargen Bergwelt, Schulungskurse auf einer Nordseeinsel oder eine Konferenz auf einem Bauernhof – vermutlich alle Arbeitsgemeinschaften haben die inspirierende Kraft der Natur, der ungewohnten Natur, entdeckt. Mit solch einem Schritt in eine unbekannte Umgebung – sei es allein oder als Gemeinschaft – vermag man auch dem Unbekannten in sich oder in der Gemeinschaft zu begegnen.

Man betritt einen neuen Raum und begegnet damit zugleich auch neuen eigenen Empfindungen und Ideen. Eine fremde Seite der Welt offenbart die fremden Seiten des eigenen Selbsts. Sprach sich im alten Griechenland die Landschaft in der Seele aus, so ist es heute wohl vielmehr ein inneres Gespräch mit der Landschaft – ein Gespräch, das damit anfängt, dass man die fremde Landschaft zu hören beginnt.

Worte des Neuen

Man spricht von «Studierenden» und nicht mehr von «Studenten», von «Zugewanderten» statt «Eingewanderten» – heute wächst die Aufmerksamkeit, wie sehr Sprache und Denken verbunden sind und sich gegenseitig prägen. Wer vom «Einwanderer» spricht, denkt insgeheim an «Eindringling», und mit «Studenten» bleibt man unbemerkt in alten Rollenklischees. Dass man in vielen Zusammenhängen und Sozialprojekten mittlerweile von «Menschen mit Fluchterfahrung» spricht anstelle des viel gebrauchten Worts «Flüchtling», leuchtet ebenfalls ein. Nicht nur, dass die Endung «-ling» mit etwas Kleinem, mit Feigling oder Winzling negativ besetzt ist, wird auch die Flucht zur eigentlichen Eigenschaft erhoben, der Mensch in den Hintergrund gedrängt.

Es lohnt sich im Grunde immer, auf den Gebrauch der Sprache zu achten. Denn aus dem persönlichen Sprachgebrauch werden Denkgewohnheiten – und aus den Routinen des Denkens wachsen Gefühle, bestimmen sich schlussendlich Handlungen. Den Abgrund dieser Folge beschreibt Marshall B. Rosenberg, der Begründer der «gewaltfreien Kommunikation». Er erinnert in seinen Vorträgen an den NS-Verbrecher Adolf Eichmann und dessen Prozess von 1961. Auf die Frage damals, wie er solch ein Verderben habe möglich werden lassen, antwortete Eichmann, dass die «Amtssprache» das Verantwortungsgefühl beseitigt habe. Natürlich kann sich niemand von persönlicher Schuld freisprechen, aber die technokratisch-absolute Sprache der NS-Zeit, die den Einzelnen zum Rad im Getriebe reduzierte, hatte zweifellos ihren großen Anteil.

Wenn man der Sprache ein Leben zuschreibt, dann hat sie es

damals verloren. Es waren die Dichterinnen und Dichter der Nachkriegszeit und später die Studierenden der 68er-Bewegung, die der Sprache zur Wiedergeburt verholfen haben. Doch dieses neue Leben der Sprache, diese Eigenschaft von Wörtern, etwas vom Unaussprechlichen zu fassen, ja, festhalten zu können, das scheint sich heute in der Sprach- und Sprechart jedes Einzelnen zu ereignen.

In einer Radiosendung über Persönlichkeitsentwicklung fragte die Moderatorin einen Biografieberater, ob man wieder anfangen solle, ein Tagebuch zu schreiben? Der Interviewpartner hielt inne und antwortete schließlich: «Ja, es lohnt sich, die täglichen Erfahrungen festzuhalten, aber ich würde es nicht Tagebuch, sondern Veränderungslogbuch nennen.» Ist das nur ein anderes, ein moderneres Wort für die gleiche Sache? Alter Wein in neuen Schläuchen? In diesem Fall nicht, denn es war zu spüren, dass der Fachmann für biografische Fragen ein inneres Bild besaß und für dieses nun ein Wort suchte, ein neues Wort schöpfte.

Oft findet man bei der Suche nach dem richtigen Wort ein altes wieder, um sogleich zu entdecken, dass durch die Suche das alte Wort neu wurde. Es bekam durch die Mühe und Fantasiekraft der eigenen Wortwahl neue Lebenskraft. Ist das «neue alte Wort» da, so geschieht etwas Interessantes: Das Wort und der Gedanke, der dem Wort vorausging, fangen an, miteinander zu spielen und einen trittfesten Boden für das Neue zu bilden.

In Seminaren, in denen es um Veränderungsprozesse geht und Arbeitsgruppen sich bemühen, etwas von ihrer eigenen Zukunft einzufangen, wird heute viel unternommen, um alte Sprachformen zur Seite zu räumen. «Malen Sie, plastinieren Sie Ihr Problem, Ihre Vision!» So lautet der Ratschlag. Es sieht recht sonderbar aus, wenn solche Entwicklungsteams statt in üblicher Sprache plötzlich mit dem Körper, mit Gestik und Mimik eine Sprache finden sollen, um in einer lebendigen Skulptur ihren eigentlichen

Widerständen und Ideen auf die Spur zu kommen. Bald aber entdeckt man dabei, dass man in künstlerischen Ausdrucksmitteln, mag es auch unbeholfen aussehen, dem Neuen gegenüber unbefangener ist. «Welcher Teil an einem Fahrrad wären Sie: Sattel, Kette, Nabe, Klingel ...?» Diese Frage stellte die Agentur der *Freunde der Erziehungskunst Rudolf Steiners e.V.*, die Jugendliche in Auslandsdienste vermittelt, auf ihrem Bewerbungsbogen. Das ist nur eine von vielen Möglichkeiten, um jenseits der abgenutzten Charakterisierungen über sich etwas zu sagen und dabei – das ist die Entdeckung, wenn man sich auf dieser Bildebene befindet – Neues an sich zu bemerken.

In der Sprache wird der überzeitliche Gedanke zeitlich. Was ein Einfall ist, das muss, will man ihn mit anderen teilen, umständlich in der Zeit dargestellt werden. In der Sprache wird der Gedanke irdisch, er wird gewissermaßen geboren. Insofern geschieht beim Sprechen das Gleiche, das bei jeder Erfindung, jeder Innovation vonstatten geht. Etwas aus der Sphäre der Ideen wird zeitlich. In der Kunst des Formulierens, der Suche nach dem richtigen Wort, der richtigen Wortstellung, üben wir fortwährend, zu finden und zu erfinden. Weil es bei der Sprache immer auch auf den Zuhörer ankommt, ist die Sprache ein Übungsfeld, um sich von sich selbst zu lösen. Im Umgang mit der Sprache trainieren wir den Inkarnationsprozess der Idee in die Zeit. Nichts anderes bedeutet «formulieren», in die Form bringen. Um nichts anderes geht es, wenn es um das Neue geht, denn auch dann wird etwas Ewiges zeitlich. Am großartigsten geschieht das mit jeder menschlichen Geburt, ein Ewiges wird zeitlich.

Die drei Zeitdiebe

«Als wir das Ziel aus den Augen verloren hatten, verdoppelten wir die Anstrengung» – dieser Ausspruch von Mark Twain wirft das Licht auf ein zentrales Hindernis vor dem Neuen: die Hektik. Fehlt die Zeit und fühlt man sich getrieben, so wachsen geistige Scheuklappen, denn jede Ablenkung, jedes Innehalten scheint es noch schwerer zu machen, mit der knappen Zeit auszukommen.

Es lohnt sich also zu fragen, wie es denn kommt, dass man meint, keine Zeit zu haben. So verständlich dieses Gefühl in der heutigen schnellen Zeit auch ist, gilt doch gleichzeitig, dass zu keiner Zeit den Menschen so viel freie Zeit vergönnt war wie heute. Der Zeitforscher Hartmut Rosa beschreibt, dass die Beschleunigung des Lebens dreifach geschehe. Wir tun die Dinge schneller, häufiger und pausenloser. Die Tätigkeiten selbst haben sich ebenfalls – und vor allem – durch die technischen Mittel beschleunigt. Die Vielfalt der Möglichkeiten und Angebote lassen uns Verschiedenes nacheinander und auch gleichzeitig unternehmen. Außerdem sind die Ruhezeiten, die Momente des Verweilens, kürzer geworden. So kommt es zu einer dreifachen Beschleunigung des Lebens und es lassen sich drei «Zeitdiebe» festmachen, die den Überfluss der Zeit in einen Mangel verwandeln.

Zeitdieb Unkonzentriertheit

Einer dieser Zeitdiebe ist die Unkonzentriertheit. Die Fülle der Ablenkungen und Reize macht es heute schwer, sich auf die eine Sache zu konzentrieren. War beispielsweise vor hundert Jahren eine Abwechslung im Alltag etwas Besonderes, etwas Seltenes, so gehört sie heute ganz selbstverständlich dazu. In der gegenwärtigen Ereignisgesellschaft erreicht jeden eine Flut an Stimulation. So gerät man in einen Erregungszustand. Man lebt heute gewissermaßen in einem Spannungszustand, den die Menschen früher, so der amerikanische Autor Mark Helprin, nur aus einer Schlacht kannten. Man erwartet fortwährend «etwas Neues», ist aber dadurch getrieben und nicht mehr in der Lage, selbst Neues hervorzubringen. Auch wenn die einzelne Ablenkung – der Kaffee zwischendurch, der Blick zum Briefkasten oder ins E-Mail-Postfach – nur wenig Zeit verlangt, so braucht es überraschend viel Kraft und Zeit, wieder konzentriert in die ursprüngliche Arbeit hineinzufinden. Je mehr es gelingt, die eigene Konzentration zu bündeln, desto mehr an Arbeit bewältigt man, desto ruhiger scheint die Zeit zu fließen.

Auch das «parallele Arbeiten», das «Multitasking», ist dabei keine Lösung, sondern Teil des Problems. Wer telefoniert, gleichzeitig eine E-Mail liest, währenddessen mit dem Blick über den Schreibtisch wandert, um zu prüfen, was es noch zu tun gibt, und zudem einer Mitarbeiterin an der Tür via Fingerzeig einen Hinweis gibt, meint zwar, vier Dinge gleichzeitig erledigt zu haben, irrt in dieser Annahme aber gewaltig. Die menschliche Aufmerksamkeit vermag sich nur auf ein Ereignis zu konzentrieren. Ist man mit mehreren Dingen gleichzeitig beschäftigt, so springt die Aufmerksamkeit – vergleichbar dem Zappen mit der alten TV-Fernbedienung – fortwährend von einem zum anderen. Man ist nirgendwo ganz bei der Sache beziehungsweise nicht mit dem Herzen dabei.

Die Arbeitswissenschaftlerin Gloria Mark hat das Verhalten von Angestellten einer Softwarefirma untersucht. Sie hielt fest, wie oft jemand von einer Tätigkeit zu einer anderen wechselte, beispielsweise vom Beantworten einer E-Mail zum Studium eines Textes oder dem Gang zum Kopierer etc. Zwanzigmal pro Stunde verzeichnete sie solche Wechsel – und damit eine Unterbrechung in der Konzentration.

Sich für das Neue empfänglich zu machen verlangt somit – und das mag paradox klingen –, sich ganz auf das Bestehende, die aktuelle Aufgabe zu konzentrieren. Diese Konzentration ist es, aus der die innere und äußere Ruhe wächst, um ohne geistige Scheuklappen einen weiten Blick zu gewinnen und neu inspiriert zu werden. Doch wie gelingt es, die Konzentration zu steigern? Dazu gibt es natürlich viele Mittel und Wege. Einen praktischen Rat gibt der Autor Stefan Klein: Wenn man einen Brief schreibt und sich plötzlich erinnert, dass z.B. die Pflanzen Wasser brauchen, der Tisch noch nicht aufgeräumt oder ein Termin zu vereinbaren ist, dann schreibt man dies auf einen Zettel. Hat man ein halbes Dutzend an «Aufgaben» beisammen, erledigt man diese nach und nach – erst danach wird ein neuer «To-do-Zettel» erstellt.

Konzentration entsteht durch Engagement. Man gibt einer Sache Gewicht und «schenkt» ihr Aufmerksamkeit. Sobald die Angelegenheit ihre Attraktion verloren hat, droht anderes in den Fokus zu drängen. Konzentration sei das Geheimnis der Stärke, schreibt der amerikanische Schriftsteller Ralph Waldo Emerson. Zuerst gibt die Welt etwas. Der Eindruck bannt. Doch dann verebbt dieser Strom, und nun ist man selbst an der Reihe. Novalis beschreibt diesen zweiten aktiven Blick für den Maler: «Der Maler malt eigentlich mit dem Auge. Seine Kunst ist die Kunst, regelmäßig und schön zu sehn. Sehn ist hier ganz aktiv, durchaus bildende Tätigkeit.» Es ist ein Moment der Entschleunigung, wenn es nicht die Reize der Welt sind, die auf die Sinne treffen, sondern sich die Empfindung steigert, sodass etwas von der Innenseite der Dinge und Wesen erscheinen kann, man dies «Lied in allen Dingen» zu hören beginnt. Wenn wir der Welt etwas geben, fließt die Zeit langsamer – wenn wir etwas nehmen, schneller.

Zeitdieb Stress

Es gehört zum Lebensgefühl der meisten heutigen Menschen: Die Zeit ist knapp, und diese knappe Zeit drängt und zieht. «Die Zeit rast – rasen Sie hinterher!», so titelte mit dem Bild eines Sportwagens eine Autovermietung ihre Werbung. Doch anders als im alten Rom manch gebildetem Römer bereits lakonisch der Spruch *tempus fugit* («die Zeit eilt») über die Lippen ging, gehört es zur Gegenwart, dass sie in einem nie dagewesenen Maß freie Zeit schenkt – Zeit für den Partner, die Partnerin, Zeit für die Kinder, Zeit für sich selbst und seine Interessen. Die Ursachen für die Eile und Hektik des heutigen Lebens liegen nicht in den äußeren Bedingungen, sondern im Inneren. Die äußere Welt mag schneller und schneller laufen, Veränderungen und Krisen mögen sich in kürzeren Abständen die Hand reichen. Aber sie zwingen nicht, – das sind wir selbst. Um es auf die Spitze zu treiben: Wir sind Zeitmillionäre und fühlen uns als Zeitbettler. Die drei inneren Zeitdiebe sind es bereits, die diesen Reichtum an Zeit stehlen. Von der Unkonzentriertheit war die Rede. Die Aufmerksamkeit ist überall und nirgends. Immer wieder von Neuem muss man die Energie aufbringen, um sich nach den Unterbrechungen dem Eigentlichen zuzuwenden.

Der zweite Zeitdieb ist der Stress. Ein Termin in einer anderen Stadt, man geht aus dem Haus, die Kette springt vom Fahrrad und die Stimme aus der Taxizentrale bittet um Geduld. Jetzt steigt der Puls, und es ist vorbei mit der Gelassenheit. Es ist eine typische Situation von Stress. Dabei ist weniger der Zeitmangel das Problem als vielmehr das Gefühl, die eigene Zeit nicht mehr im Griff zu haben, die Souveränität verloren zu haben. Der österreichische Arzt Hans Selye (1907–1982) hat das Wort «Stress» geprägt. Er entdeckte, dass Tier und Mensch auf eine plötzliche Veränderung der Umgebung in drei Stufen reagieren. Dabei zeigte sich, dass die Reaktion recht unabhängig von der konkreten Störung ist. Es beginnt mit der Alarmphase. Die Veränderung tritt ins Wahrnehmungsfeld. Man wird geweckt. Die Konzentrationsfähigkeit sinkt zugunsten der Sensibilität auf weitere Veränderungen. In der zweiten Phase wächst Widerstand. Körper und Seele sind herausgefordert und versuchen, der neuen Lage entgegenzutreten. Nehmen die Veränderungen weiter zu, kippt die Aktivität um in Erschöpfung. Aus dem «Gefordert sein» wird ein «Überfordert sein». Je stärker die Ereignisse, die Überraschungen, die das Leben bereithält, als Bedrohung erlebt werden, desto mehr vermögen sie es, Stress auszulösen. Die Haltung zur Welt, zur Umwelt spielt deshalb eine große Rolle. Selye betont, dass Stress nicht negativ zu betrachten sei, sondern vielmehr ein positiver Stress («Eustress») von einem destruktiven Stress («Distress») zu unterscheiden sei.

Stress ist die Antwort auf den Ruf der Welt – und die Aufgabe für einen selbst ist es, den persönlichen optimalen «Stresslevel» zu finden. Je mehr man selbst in Bewegung ist, man wechselnde Perspektiven einzunehmen vermag, desto weniger laut wird dieser Ruf empfunden. Ein Beispiel soll dies verdeutlichen: Jörgen Smit, ein Seminarleiter und Jugendpädagoge, wird im hohen Alter über Land gefahren. Das Auto gerät ins Schleudern und kippt in den Straßengraben. Den Mitfahrenden ist nichts geschehen. Smit fragt die junge Fahrerin: «Meinst du, du kannst das Problem lösen?» Sie antwortet: «Ja, ich hole Hilfe im nächsten Dorf.» – «Gut», antwortet er, sucht im schräg stehenden Auto eine Position und versinkt in seinem Buch. So wie die Hektik dort auftritt, wo es nicht gelingt, sich mit Konzentration der Welt zu widmen, Engagement zu zeigen, lieben zu können, so wird das Leben stressig, wenn man die Übersicht verliert, keine Ordnung in den Terminen erreicht, zu wenig und zu spät über die Termine nachgedacht hat.

Die Zeit und die Liebe

Noch einmal sei auf den Lebenswiderspruch der Gegenwart hingewiesen: Nie hatte man ein solches Maß an freier Zeit zur Verfügung wie heute. Nie hatte man eine solche Fülle an Instrumenten zur Hand, um Zeit einzusparen. Und dennoch fühlen sich die meisten Menschen getrieben. Zur Erinnerung: Bevor Maschinen in das Leben kamen, lag die normale Arbeitszeit bei 14 bis 16 Stunden pro Tag, die Woche bei 60 bis 80 Arbeitsstunden. «Freizeit» als Begriff gab es nicht. Erst im 19. Jahrhundert sank die Arbeitszeit auf zehn Stunden täglich und vor etwa hundert Jahren schließlich auf acht Stunden. Wie also ist es möglich, dass gefühltes und tatsächliches Zeitbudget so weit auseinanderliegen? Als «Zeitmillionäre» fühlen wir uns trotzdem als «Zeitbettler».

Die lakonische Rückfrage auf die Klage eines Menschen: «Hast du ein Problem – oder bist du das Problem?», beantwortet sich im Bezug auf die Zeit tatsächlich auf letztere Art. Man selbst ist das Problem, oder freundlicher formuliert, man macht sich selbst zum Opfer der drei Zeit-Untugenden, der drei Zeitdiebe.

Durch Unkonzentriertheit schmilzt der Zeitreichtum dahin. Weil man viele Dinge mit halber Aufmerksamkeit und womöglich gleichzeitig betreibt, vermag nichts zu reifen, ist man überall und nirgends, muss sich immer wieder von Neuem die Aufmerksamkeit sammeln.

Der zweite Zeitdieb ist der Stress. Wund von einem Zuviel an Veränderung, verliert man die Übersicht, versucht man immer schneller Aufgaben zu erledigen – und wird dabei doch immer unproduktiver. Sobald man sich besinnt, vielleicht mit fremder Hilfe Ordnung in den Lebensfeldern Beruf, Familie und inneres Leben zu schaffen, wird man vom Opfer wieder zum Gestaltenden der Zeit.

Zum dritten Zeitdieb führt der Weg nun durch die umgekehrte, positive Frage: «Wann schien mir die Zeit stillzustehen?» Wann galt Schillers Ausspruch «Dem Glücklichen schlägt keine Stunde»? Als Sorgen und Sehnsüchte stumm wurden und man ganz in der Gegenwart engagiert war. «Und wie war das möglich?» Durch Interesse an dem, was hier und jetzt geschieht, wird man antworten. «Und wie gewinnt man das Interesse?», mag man weiterfragen und gerät zu der einfachen und zugleich großen Antwort: durch Liebe.

Ja, die treibende Kraft hinter dem Interesse, hinter der Empathie zum Hier und Jetzt ist die Liebe. Menschen, die lieben, haben alle Zeit der Welt. Was man liebt, dem widmet man sich mit seiner ganzen Existenz. Mit einem Male verlieren Vergangenheit und Zukunft, verlieren Sorgen und Sehnsüchte ihre Zugkraft. Was zählt, ist dieser Ort, der heute allzu leicht verschwindet, unfassbar wird: die Gegenwart. «Der Liebe Sehnsucht fordert Gegenwart», sagte Goethe und meinte damit, dass wir Frieden mit der Gegenwart schließen können, wenn es uns gelingt, das, was uns gegenübersteht, was wir gerade tun, gerne zu tun.

Es gibt eine buddhistische Geschichte über das Glücklichsein: Ein Mann wurde gefragt, warum er trotz seiner vielen Beschäftigungen immer so glücklich sein könne. Er sagte: «Wenn ich stehe, dann stehe ich, wenn ich gehe, dann gehe ich, wenn ich sitze, dann sitze ich, wenn ich esse, dann esse ich, wenn ich liebe, dann liebe ich ...» Dann fielen ihm die Fragesteller ins Wort und sagten: «Das tun wir auch, aber was machst du darüber hinaus?» Er aber sagte zu ihnen: «Nein – wenn ihr sitzt, dann steht ihr schon, wenn ihr steht, dann lauft ihr schon, wenn ihr lauft, dann seid ihr schon am Ziel.»

Diese viel zitierte Geschichte verdeutlicht die Grundregel der Achtsamkeit: Sei bei dem, was du tust, mit der ganzen Seele dabei. Der Hang, sich immer schon am Ziel zu sehen, die Ungeduld, die innere Hektik ist der Schattenwurf von Lieblosigkeit. Man stört sich an der Gegenwart. Sie steht als unliebsames Hindernis vor dem Ziel, das noch in der Zukunft liegt. Denn je weniger es gelingt, der gegenwärtigen Welt mit Liebe gegenüberzutreten, desto größer ist die Hoffnung, dass es umgekehrt die Welt ist, die einem selbst Liebe schenken wird. Dieser Wunsch aber liegt in der Zukunft, sodass man möglichst schnell in diese – vermeintlich glücklichere – Zukunft gelangen will. Und so ist man es selbst, der der Zeit Feuer gibt. Lieblosigkeit, Unlust, Motivationslosigkeit – oder wie man sonst noch dieses passive Verhältnis zum Jetzt nennen mag – lassen das Rad der Zeit schneller drehen. Die heutige Kultur bietet Vergnügen und Zerstreuung in tausend Farben an. Zum «Spaß» gehört, wie bereits von Platon beschrieben, dass aus ihm der Wunsch nach noch mehr, noch größerem Spaß wächst. Dieser aber liegt – wie sollte es anders sein – in der Zukunft. Und so ist es eine ganze Kultur, die nach vorne zum nächsten und neuesten Hype drängt. Sobald man das Blatt wendet und nicht mehr auf äußere Erfüllung wartet, sondern umgekehrt damit beginnt, der Welt Zuwendung zu schenken, ist es nicht mehr die Zukunft, die Großartiges verspricht, sondern es ist die Gegenwart, das Hier und Jetzt, in der alles geschieht.

Robert Levine, ein amerikanischer Soziologe und Zeitforscher, hat mit seinen Studenten untersucht, wie schnell Menschen in verschiedenen Ländern durch Städte laufen. In seinem Buch *Eine Landkarte der Zeit* beschreibt er das Ergebnis. Je grüner eine Stadt ist, umso langsamer laufen ihre Bewohner. Die Natur als Angebot der Zuwendung wirkt entschleunigend. Ein weiteres seiner Experimente jedoch stimmt nachdenklich: Die Studenten sollten mit gekrümmter Haltung an einer Häuserecke stehen und Bauchschmerzen vortäuschen. Die Frage war, ob vorübergehende Menschen stehen bleiben und ihre Hilfe anbieten. Das Resultat: Je grüner es ist und je langsamer die Menschen sich bewegen, umso eher sind sie geneigt, ihren Weg zu unterbrechen und zu helfen. Das Grün schafft Empathie zum Jetzt, man wird langsamer – und weil man langsamer wird, wächst die Bereitschaft, empathisch einem anderen zu helfen. Ein großartiger Kreislauf.

Geschichten vom Neuen

Das Neue – der Mensch

Wie das Neue in die Welt kommt, lässt sich eigentlich einfach beantworten: durch den Menschen – durch jeden Menschen. Tatsächlich ist es jeder Einzelne mit seinen ureigenen Möglichkeiten und Fähigkeiten, durch den das Neue, das noch nicht Dagewesene sein Dasein feiern kann. Wir Menschen sind selbst das Neue. In seiner *Geheimwissenschaft im Umriss* unterstrich Rudolf Steiner, dass durch jeden Menschen ein Ureigenes in die Welt zu treten vermag: «Es gibt da einen Weg, auf dem der Mensch zu der Einsicht gelangt, dass er der ganzen Welt und allen Wesen in ihr einen Schaden zufügt, wenn er seine Kräfte nicht in der rechten Art zur Entfaltung bringt.»

Es sind wohl häufig die Künstlerinnen und Künstler, durch die das Neue besonders kräftig und farbenreich aufglüht. Dabei gilt Steven Johnsons Hinweis, dass jede Erfindung, jede künstlerische und wissenschaftliche Innovation immer auf einer Fülle anderer Arbeiten und Bemühungen beruht. Das Neue ist insofern immer ein gewaltiges Gemeinschaftsunternehmen. Gleichwohl schreibt die Entwicklung der menschlichen Kultur Geschichten, in denen die Eigenschaften, die Tonalitäten, wie Neues sich Bahn brechen kann, besonders hervortreten. Sieben solcher Geschichten, die auch ganz anders hätten ausgewählt werden können, sollen die Frage nach dem Neuen nun erweitern.

«Ich habe nicht nachgedacht, ich habe experimentiert.»

Wilhelm Conrad Röntgen

Der aufmerksame Blick – Wilhelm Conrad Röntgen

Es war nur ein kurzes Aufglimmen an einigen Kristallen, die auf dem Versuchstisch herumlagen. Auch ein Papier, das mit fluoreszierender Flüssigkeit überzogen war, begann kurz zu scheinen. Dennoch wusste Wilhelm Conrad Röntgen an diesem 8. November 1895 sofort, dass er eine epochale Entdeckung gemacht hatte, eine Entdeckung, die Medizin und Werkstoffkunde, ja sogar die Kunst verändern sollte. Das kleine unbedeutende Leuchten traf bei Röntgen auf ein geschultes und wissendes Auge. Jemand beobachtet im Augenwinkel ein scheinbar nebensächliches Phänomen, aber in Sekunden ist dem Zeugen der Zusammenhang klar, sodass er die flüchtige Erscheinung im Geist festhält und nicht mehr loslässt.

Was war geschehen? Wilhelm Conrad Röntgen (1845–1923) ist Experimentalphysiker. Er misst den Strom an einer Entladungsröhre. Das ist eine geschlossene Glasröhre mit zwei Anschlüssen, an die eine Stromspannung angelegt wird. 20.000 Volt Spannung lassen an dem einen Anschluss, der Kathode, die Elektronen herausschießen und dann mit hoher Geschwindigkeit auf den positiv geladenen anderen Pol, die Anode, zustürzen. Die Elektronen prallen auf die Anode und werden radikal abgebremst. Der Physiker James Maxwell hatte 50 Jahre vor Röntgen herausgefunden, dass abgebremste Elektronen Strahlung erzeugen. Damit ist die Entladungsröhre eine umgekehrte Solarzelle. Diese schwarzen Platten fangen das Licht ein und es fließt Strom, in der Röhre wird der Strom eingefangen und es fließt Licht. Was allerdings völlig neu ist, sieht und erkennt Wilhelm Röntgen an den leuchtenden Gegenständen: Es gibt eine Strahlung, eine Art «Wellenlänge des Lichtes», die durch das dunkle Papier dringt!

Röntgen ist gewissenhaft, deshalb spricht er mit niemandem von seiner Entdeckung, auch nicht mit seinen Assistenten. Nur seine Frau weiht er ein. Er hält die verschiedensten Körper zwischen die Strahlungsröhre und den fluoreszierenden Schirm: ein Buch mit 1000 Seiten, wieder strahlt der Schirm, ein Stück Holz, eine Aluminiumplatte, wieder strahlt der Schirm. Er nimmt sein Jagdgewehr, denn er jagt gerne, und verschiedene Flüssigkeiten. Röntgen stellt sein Bett im Labor auf, und oft lässt er sich das Mittagessen auf dem Labortisch servieren. Schließlich schiebt er seine Hand zwischen die Strahlungsquelle und den Schirm. Er sieht die Knochen und seinen Ehering um den vierten Finger. Was muss in diesen einsamen Stunden dem so gewissenhaften Forscher durch die Seele gezogen sein? Anstelle des kurz schimmernden fluoreszierenden Papiers wählt er schließlich Fotopapier, um den Eindruck festzuhalten.

Am 22. Dezember 1895 kommt es zur ersten Röntgenaufnahme. Berta Röntgen lässt ihre Hand mit den geheimnisvollen Strahlen durchleuchten. Über 20 Minuten belichtet er. Zwar nicht mit der Schärfe und dem Kontrast heutiger Röntgenbilder, aber dennoch gut erkennbar, zeigen sich auf dem Fotonegativ die Finger- und Mittelhandknochen mit dem schwebenden Ehering. Eine Woche später, am Neujahrstag 1896, erscheint sein Forschungsbericht.

Es gibt wohl kaum eine wissenschaftliche Entdeckung, die so schnell und weltweit aufgenommen wurde. Berta Röntgens Knochenhand geht um die Welt. Der Traum, in den Menschen hineinsehen zu können, ist Wirklichkeit geworden. So wie Wilhelm Röntgen das Phänomen sogleich einordnen kann, so scheint er auch sehr rasch den Wert der Entdeckung erkannt zu haben. Er verzichtet auf ein Patent, denn jeder soll die geheimnisvollen «X-Strahlen», wie Röntgen sie nennt, nutzen können.

Im Januar wird er vom Kaiser nach Berlin eingeladen und Röntgen hält vor Wissenschaftlern den einzigen Vortrag seines Lebens. Schließlich nimmt er die Hand des berühmten Schweizer Anatomen Albert von Koelliker und legt sie zwischen Strahlungsröhre und Fotoplatte. Als Koelliker seine Knochen auf der Platte sieht, ruft er aus, man solle sie Röntgenstrahlen nennen. Seitdem heißt diese bildgebende energetische Strahlung im deutschsprachigen Raum nach ihrem Entdecker, während sie in der übrigen Welt «X-Strahlen» genannt werden. Es gibt kaum einen anderen Erfinder, dem die Ehre vergönnt war, dass der eigene Namen sogar zum Verb wurde. Bereits ein halbes Jahr später verwendete man Röntgenaufnahmen bei Gerichtsprozessen, so schnell verbreitete sich die Entdeckung.

Mit den Röntgenstrahlen wurde nicht nur die Medizin revolutioniert, auch in der Kristallkunde und Materialprüfung erlaubte die Röntgenstrahlung, den Blick tief ins Innere der Stoffe zu lenken.

Nicht nur im Inneren, auch ins Äußere weiten die Röntgenstrahlen den Blick: Röntgenstrahlung entsteht, wenn Elektronen gebremst oder beschleunigt werden. Überall, wo im Weltall enorme Bewegungen und Beschleunigungen auftreten, entsteht Röntgenstrahlung. Röntgenstrahlung erlaubt also nicht nur, das Feste im Menschen ins Bild zu bekommen, sie ermöglichen es darüber hinaus, die Bewegung und Dynamik im Universum zu beobachten. Der Redakteur Jörg Lösel geht noch weiter: Er vermutet, dass die Entdeckung der unsichtbaren Strahlung den Weg in die abstrakte Kunst geebnet habe, weil mit der Röntgenstrahlung und den Bildern, die sie zaubert, die Tür in die Transzendenz aufgeschlagen worden sei. Der Grund dafür war der scharfe und kluge Blick von Wilhelm Röntgen, welcher die kurz aufleuchtenden Gegenstände nicht übersehen hatte. Seine Entdeckung wurde zur Erfindung, die den scharfen und klugen Blick für Millionen von Ärzten und Ingenieuren noch heute möglich macht.

Zum «Blick» auf Wilhelm Röntgen gehört auch der zauberhafte Widerspruch, dass der Physiker, der als Erster den Nobelpreis erhielt, beim Abitur durchfiel. Warum? Weil der junge Röntgen einmal auf die Karikatur eines Lehrers, gemalt auf den Klassenofen, schaute, ein Lehrer das sah und ihn für den Verursacher hielt. Röntgen wollte den tatsächlichen Urheber, seinen Mitschüler, nicht verraten und wurde deshalb von der Schule verwiesen. Hier wollte er nicht den tieferen Blick ermöglichen, hier stand für ihn das Ethos höher.

Wilhelm Conrad Röntgen, um 1900. Foto: Deutsche Röntgengesellschaft / Wikimedia Commons

«Mein Traum ist länger als die Nacht.»

Bertha Benz

Die Freundin an der Seite – Bertha Benz

Der Zufall will es, dass sich zwei besondere Menschen am 27. Juni 1869 in einer Kutsche begegnen: Auf einer Ausflugsfahrt sitzt Bertha Ringer (1849–1944) dem jungen Maschinenbauer Carl Benz (1844–1929) gegenüber. Er ist überrascht, dass diese so vornehm gekleidete Frau sich tatsächlich für seine Idee einer pferdelosen Kutsche interessiert. Er träumt von einer Lokomotive, die allerdings nicht an Schienen gebunden sei, sondern frei auf der Straße fahren kann. Tatsächlich ist es das erste Mal, dass Benz einem fremden Menschen von seiner Idee erzählt, und dieser Mensch ist voll Interesse dafür! Ein zweiter Zufall ist es wohl, dass die Familie Ringer nicht weit vom Arbeitsplatz des Maschinenträumers wohnt. Die beiden begegnen sich somit zwangsläufig auf der Straße. Doch drei Monate später erreicht Bertha ein Brief, in dem Carl sie «eindringlich warnt vor weiteren Wünschen inniger Zweisamkeit». Er fühle sich mehr als allem anderen seiner Idee verpflichtet und empfiehlt die Trennung, bevor sich beide verbunden haben. Er schließt den Brief: «Ich bezweifle, dass es mir gelingen könnte, diesen Funken auch bei Ihnen zu entfachen.» Doch hier irrt er sich. Es ist das erste Mal, dass Berthas Wille das Paar vorantreibt. Sie möchte sich mit ihm verloben, denn sie teilt seinen Traum, und dieser Traum, das spürte sie sehr genau, ist länger als die Nacht. Keine drei Tage später bittet Carl bei Berthas Vater um ihre Hand.

1871 gewinnt Deutschland den Krieg gegen Frankreich und kommt in den Genuss von drei Milliarden Reichsmark Reparationszahlungen. Das gibt der Industrialisierung einen Aufschwung, Häfen und Bahnhöfe werden ausgebaut. Carl Benz kauft mit einem Mitstreiter, August Ritter, einen Holzschuppen in Mannheim, um darin eine Werkstatt für den Maschinenbau einzurichten. Als Bertha ein Jahr später die Werkstatt besucht, erkennt sie schnell, dass Ritter eine «Luftnummer» ist und der Zins für den Kredit die Einnahmen weit übersteigt.

Während Carl den Konflikt scheut, stellt Bertha den unseriösen Kompagnon zur Rede. Sie bittet ihren Vater um vorzeitige Auszahlung ihrer Mitgift und ihres Erbes, um Ritter ausbezahlen zu können. Die Eltern überschreiben ihr tatsächlich über 4.000 Goldmark – genug, um eine Villa zu kaufen. Aber das Geld fließt in die Werkstatt. Sie verzichtet außerdem auf eine aufwendige Hochzeit, und auch für eine Hausdame fehlt das Geld. Bertha, die in begüterten Verhältnissen aufgewachsen war, wählt bereitwillig, so scheint es, das einfache Leben.

Es gibt nur kleine Aufträge, und außerdem macht ein Börsencrash die Lage schwieriger. Bertha, erst 24 Jahre alt, entschließt sich, das Wohnhaus aufzugeben und ins Gebäude der Werkstatt zu ziehen. Oft läuft sie durch Mannheim, um Geschäftskarten ihrer «Mechanischen Werkstatt» zu verteilen. Carl entwickelt eine Maschine für die Schuhherstellung, dann eine zum Tabakpressen. Besucher seiner Werkstatt sind beeindruckt, aber niemand kauft die Maschinen – so wächst der Schuldenberg. Bertha ist gerade 27 Jahre alt, als sie mit ihrem dritten Kind hochschwanger, erleben muss, wie der Gerichtsvollzieher die Einrichtung der Werkstatt pfändet. Carl resigniert und vergräbt sich in seine Tüftelei. Bertha kann Familienschmuck zu Geld machen und ermutigt Carl, von Neuem an der pferdelosen Kutsche zu arbeiten. Er müsse etwas Neues schaffen. Dampfkraft komme, so Carl, für solch eine Kutsche nicht infrage, vielleicht ein Viertaktmotor, wie ihn Nikolaus Otto entwickle. Er solle, so feuert Bertha ihn an, einen eigenen Motor entwickeln, sie habe für einen Schuldschein noch Schmuck von ihrer Mutter erhalten, der ihnen etwas finanzielle Zeit schenke. Alles gibt sie für seine Arbeit hin, und es ist wohl immer wieder ihre Ausdauer und ihr Glaube, mit dem sie Carl von Neuem ermutigt.

In der Silvesternacht 1879, nach sieben Jahren Mühe, Verzicht und Misserfolg, läuft sein Motor schließlich. Er knattert und knattert. Woher holt Bertha die Energie, ihren Mann immer wieder von Neuem zu befeuern? Angela Elis, die Biografin der Autopionierin, sieht in dem Bibeleintrag der Familie Benz einen Grund: Mit zehn Jahren blättert Bertha in der Familienbibel. Im Anhang sind, wie damals üblich, die Geburten verzeichnet. Nach den Einträgen ihrer beiden älteren Schwestern stößt sie auf ihren Namen. Doch was ist dort notiert? «Leider wieder nur ein Mädchen.» Das hat der Vater dazugeschrieben. Vor 150 Jahren mussten Heranwachsende weit mehr Zurücksetzung und Unaufmerksamkeit ertragen als heutige Kinder. Gleichwohl hat dieser Bibeleintrag Bertha im Kern erschüttert, und er mag den Anstoß für ihren für damalige Verhältnisse einzigartigen unerschrockenen Mut gegeben haben.

Emil Bühler ist ein Mannheimer Hoffotograf. Ihn gewinnt Bertha als neuen Finanzpartner für die Motorentwicklung. Sie gründen die Mannheimer Gasmotorenfabrik, weitere Bankiers steigen in das hoffnungsvolle Geschäft mit ein. Doch erneut wird Carl über den Tisch gezogen. Obwohl er den Gasmotor erfunden hat, verfügt er über keine Mitbestimmung. «Es geht dem Untergang entgegen», schreibt Bertha an ihre Schwester, als Carl von seiner eigenen Firma entlassen wird und sie wieder mittellos dastehen. Da stehen erneut zwei Investoren in der Werkstatt, und Bertha kann in Carls Abwesenheit mit den finanzstarken Partnern einen neuen Weg bahnen. Endlich sind die wirtschaftlichen Verhältnisse stabil. Trotz Haushalt und vier Kindern hilft sie in der Werkstatt und wickelt Induktionsspulen. Und es ist wohl auch Bertha, die in der Zeitung auf das entzündliche Reinigungsmittel «Ligroin» stößt und Carl davon erzählt. Aus Ligroin wird das heutige Benzin.

Am 3. Mai 1885 ist der dreirädrige Motorwagen endlich fertig. Knatternd fährt er über den Hof, und kaum ein Jahr später erhält Carl Benz das weltweit erste Patent auf ein Fahrzeug mit Verbrennungsmotor. Es ist die Geburtsstunde des Automobils, und Bertha Benz ist die Frau, die es möglich machte. Sie fahren kurze Strecken auf den holprigen Straßen Mannheims. Doch da ist nicht nur Begeisterung, sondern auch Argwohn, der ihnen begegnet. Pferdekutschen, die scheuen, bringen die Polizei auf. Carl scheint den Argwohn der Menschen nicht zu begreifen, und wieder ist es Bertha, die ihm Mut zuspricht. Die Widerstände wachsen. «Da der Herr Benz kein Gaukler und Feuerspucker sei, erhalte er jetzt eine Strafe für unerlaubte Aufbietung einer Attraktion zur nicht genehmigten Zuschauerbegeisterung.» Das ist gewissermaßen der erste Strafzettel der Weltgeschichte. Schließlich werden von Amts wegen weitere Ausfahrten verboten, die Bertha allerdings mit Briefen an die Zeitungsredaktion abwenden kann. Das Gefährt wird von vielen bestaunt, aber niemand will es kaufen. Bertha erkennt das «Marketingproblem». Es braucht einen Donnerschlag, und den will Bertha mit ihren Söhnen zustande bringen. Sie möchte die 100 Kilometer nach Pforzheim zu ihrer Schwester fahren. Dafür gibt es auch einen Anlass: Ihre Schwester hat gerade ein Mädchen zur Welt gebracht.

Dass Bertha Benz mit den Kindern ohne Carls Wissen die berühmte weite Fahrt nach Pforzheim gemacht hat, ist eine Legende. Vielmehr fährt sie den weiten Weg in aller Frühe und bei angeblichem Nichtwissen von Carl, um ihn vor der Behörde zu schützen. Welch ein Abenteuer, gerade 20 Jahre nach der ersten Idee einer pferdelosen Kutsche. In Apotheken muss jeweils literweise Ligroin nachgekauft werden. Der Motor leistet kaum 2

PS, sodass an Steigungen die Kinder schieben müssen, an Weidentränken füllen sie Kühlwasser nach. Bei einem Schuster wird ein Zwischenstopp gemacht, um die Lederbeläge der Bremsen zu erneuern. Einmal muss Bertha ihre Hutnadel opfern, um ein zugesetztes Ventil zu reinigen, ein anderes Mal ist Berthas Strumpfband nötig, weil die Isolation der Zündung durchgescheuert war. Am Abend kommen sie mit schmutzigen Kleidern, von Staub und Öl gezeichnet, glücklich am Ziel an. Es ist die erste Fahrt mit einem Maschinenfahrzeug zu einem weiten Ziel – und der Startschuss zu einem neuen Zeitalter.

War Carl Benz der Erfinder, Denker und Konstrukteur, so war Bertha der Motor, der Lebensstrom und der ewige Freund dieses großen Unternehmers. Es lässt sich wohl nicht zählen, wie oft sie Carl nach dessen vielem Scheitern und Verzweifeln innerlich und äußerlich wieder aufrichtete.

«Arm in Arm mit dir, so fordr' ich mein Jahrhundert in die Schranken», lässt Friedrich Schiller Don Carlos zu seinem Freund sagen. Ein solcher Freund, eine solche Freundin und Weggefährtin war Bertha Benz.

Als vor einigen Jahren eine Tagung zur Zukunft der biologisch-dynamischen Landwirtschaft ihrem Ende entgegen ging, da gab Claus Otto Scharmer den 600 Teilnehmenden eine Hausaufgabe mit: Wenn man etwas Neues verwirklichen wolle, dann solle man wissen, wie der erste Schritt zu diesem Neuland gehe, man solle außerdem wissen, was man für diesen Schritt hinter sich lassen musse, und man solle schließlich wissen, wen man als Freund und Berater auf diesem Pfad der Verwandlung an seiner Seite haben wolle.

Oft sind es zwei, wie im Mythos die beiden Dioskuren Castor und Pollux, die bei aller Verschiedenheit – ja, vermutlich gerade wegen der Verschiedenheit – zusammen das Unmögliche möglich machen. Empfindlich, schwach und fehlerhaft, so war das erste Automobil, und so ist vermutlich meistens das Neue. Was stark sein sollte, ist die helfende Hand, die Fürsorge, der unerschütterliche Glaube eines Gefährten, eines Freundes. Es gilt deshalb, dass überall dort, wo man an einen anderen Menschen glaubt und so dessen Schöpferkraft freisetzt, das Neue in die Welt kommen kann.

Bertha Benz, um 1871. Foto: Bühler, Mannheim – Automuseum Dr. Carl Benz, Ladenburg

«Mein höchster Wunsch ist, den Gott, den ich im Äußeren überall finde, auch innerlich, innerhalb meiner gleichermaßen gewahr zu werden.»

Johannes Kepler

Der Idee treu – Johannes Kepler

Johannes Kepler (1571–1630) gehört zu den Begründern der modernen Naturwissenschaft, wie wir sie heute kennen. Es war ein «europäisches Projekt», nicht mehr dem zu vertrauen, was Aristoteles geschrieben hatte und was man aus religiöser Überlieferung glauben sollte, sondern eine auf Beobachtung und Denken fußende Wissenschaft zur Welt zu bringen. Ob Francis Bacon in England, Christian Huygens in Holland, Galileo Galilei in Italien oder René Descartes in Frankreich – sie alle schufen etwas Neues und nannten es auch so, weshalb der Wissenschaftshistoriker Peter Fischer meint, es sei eine Zeit gewesen, in der das Neue noch neu war. Bacon schrieb mit *Nova Atlantis* sein Werk über eine «neue Welt», Descartes entwickelte eine neue Methode des Denkens – und Johannes Kepler verfasste seine *Neue Astronomie*. Es war eine Zeit des Aufbruchs. Und doch wurzelte Johannes Keplers Denken auch in alten spirituellen Überzeugungen, wenn er vermutete, dass er seine Weisheiten wohl aus den «ägyptischen Amphoren» gestohlen habe.

Johannes Kepler wird nach seinem Studium in Tübingen als junger Lehrer nach Graz geschickt. Im Unterricht schweift er häufig in höhere wissenschaftliche Gefilde ab, sodass die Schüler oft kaum etwas verstehen. Kepler ist bereits in seiner Jugend von der Frage ergriffen, warum es diese und keine andere Anzahl an Planeten gebe und warum sie gerade in den bestimmten Abständen kreisten. Es müsse doch ein göttliches Gesetz, ein Urmaß der Schöpfung, darin zu finden sein.

«Ich versuchte die Sache zuerst mit Zahlen und prüfte, ob eine der Planetensphären das Doppelte oder Dreifache der übrigen sei … Da ich auf diesem Weg keinen Erfolg erreichte, versuchte ich einen anderen von seltener Kühnheit. Ich schaltete einen neuen Planeten zwischen Mars und Jupiter und einen anderen zwischen Venus und Merkur … So glaubte ich eine Gleichheit der Verhältnisse bewirken zu können … Nicht minder unwahrscheinlich erschien mir auch jene Vermutung, nach welcher die Sechszahl der Planeten von der Heiligkeit dieser Zahl herstammen würde … beinahe der ganze Sommer ging mit diesen fruchtlosen Bemühungen verloren. Mir schien es eine unmittelbare Schickung Gottes, dass ich endlich durch Zufall erlangen sollte, was ich mit der größten Anstrengung zu erreichen nicht imstande war.»

Am 9. Juli 1595, Kepler ist gerade 24 Jahre alt, hat er eine Eingebung. Während der Astronomie-Unterrichtsstunde zeichnet er in den Tierkreis an der Tafel ein gleichschenkliges Dreieck und zwei Kreise, wobei der kleinere die Linien des Dreiecks innen, der andere die Ecken außen berührt. Der kleinere Kreis ist halb so groß wie der größere. Genauso verhalten sich die Planetenbahnen von Jupiter und Saturn. Bestimmen also geometrische Körper die Abstände der Planeten, und warum sind es nur sechs Planeten? Kepler fragte sich schon länger, warum die Abstände der Planeten gerade so und nicht anders waren.

Es gibt fünf vollregelmäßige Körper, die sogenannten «Platonischen Körper». Kepler glaubt, dass sich die fünf Körper so ineinander fügen lassen, dass sie die Architektur, das göttliche Maß für die Abstände der Planeten abgeben. Ähnlich wie Pythagoras über 2000 Jahre zuvor sieht er in der Gemeinschaft von Geometrie und Astronomie die Handschrift Gottes: «Das intensive Vergnügen, das mir diese Entdeckung bereitete, kann mit Worten nie beschrieben werden.» Kepler rechnet Wochen, ob die Umläufe der Planeten sich in solch ein geometrisches

Gewebe fügen lassen. Die Planetenbahnen in die Platonischen Körper einzuschreiben heißt, 120 verschiedene Möglichkeiten durchzurechnen – eine Mammutaufgabe. Kepler aber fühlt, «den geheimen Ratschluss des Schöpfers» im Blick zu haben.

Doch sosehr Kepler sich auch bemüht, die Planetenbahnen gehen nicht mit den fünf Platonischen Körpern auf. Das einzuräumen ist für Kepler ein tiefer Schmerz, der ihn sein ganzes Leben nicht mehr loslassen wird. Waren die Beobachtungen der Planetenbahnen falsch? Nur ein Astronom vermag noch genauere Positionen der Planeten zu beobachten: Tycho Brahe.

So kommt es, dass Kepler Brahes Einladung nach Prag annimmt und zur Jahrhundertwende dorthin reist. Das laute und ausufernde Treiben an Brahes Domizil muss Kepler verunsichert und irritiert haben. Nur sporadisch lässt Brahe zwischen Suppe und Hauptgericht etwas von seinen exakten Beobachtungen durchsickern. Es sind die Aufenthalte von Mars, die Tycho Brahe so genau beobachtete, dass Johannes Kepler in wochenlangen Rechnungen auf die heute so selbstverständlichen Ellipsen als Planetenbewegung kommt. Zwar zwingt ihn die Verfolgung seiner Mutter als Hexe wieder zur Reise in die Heimat, doch bleibt er seinem Traum, den «Ratschluss des Schöpfers» zu fassen, treu.

Was heute in der Schule als die drei «Keplerschen Gesetze» gelernt wird, ist die Frucht seiner jahrzehntelangen Suche. Diese Gesetze, die den Grundstein für die moderne Himmelsmechanik und Gravitationslehre legen, tragen dabei einen kühnen Gedankensprung in sich. So kommen bei Johannes Kepler – wie bei so vielen Forschern und Entdeckern – Ausdauer und Geistesgegenwart, Jahre der Suche und Momente der Inspiration zusammen. Im dritten Gesetz entdeckte Kepler, dass die Quadrate der Geschwindigkeiten der Planeten im Sonnensystem den Kuben der Halbachsen entsprechen. Er verschiebt die Zeit in die Fläche und verräumlicht die Distanz, um so zum

Ebenmaß des Planetensystems zu kommen – so schlägt er die Brücke von Zeit und Raum.

Was Kepler als «Mysterium Cosmographicum» beschrieb, als die aus Platonischen Körpern gewonnenen Abstandsverhältnisse der Planeten, das konnte vor der Wirklichkeit nicht exakt standhalten. Seine Treue zu seiner Idee eines göttlichen Plans führte ihn aber schließlich zur Beschreibung seiner drei großen Gesetze. «Das Beste findet sich dort, wo sich Fleiß und Begabung verbinden.» So schrieb es Johannes Kepler und ist selbst ein großes Beispiel für diese Verbindung. Seinen Grabstein ziert ein Zweizeiler, den er einst dem Freund Jakob Bartsch mitgeteilt hatte: «Himmel durchmaß mein Geist, nun mess ich die Tiefen der Erde. Ward mir vom Himmel der Geist, ruht hier der irdische Leib.»

Johannes Kepler, 1610. Gemälde eines unbekannten Malers aus Prag.
Museum der Sternwarte in Kremsmünster / Wikimedia Commons

«Ich will verstehen.»

Hannah Arendt

Gegen den Strom – Hannah Arendt

«Ihr Denken veränderte die Welt», so lautet der Untertitel des Films von Margarethe von Trotta über Hannah Arendt (1906–1975). Tatsächlich ermöglicht es ihr Blick in die Abgründe des Totalitarismus und der Verbrechen des Nazireiches, der zum Topos der «Banalität des Bösen» führte, eben dieses Böse tiefer zu verstehen und somit als Gesellschaft besser dagegen gewappnet zu sein. Obwohl Hannah Arendt tief ins Dunkel schaute, ist sie selbst dabei nie aus dem Licht getreten. Im Dienste einer neuen Klarheit musste sie sich vielmehr gegen die öffentliche Meinung, gegen ihre Freunde und sogar gegen ihr eigenes Fühlen stellen.

Als junge jüdische Frau erlebt sie den Aufstieg Hitlers und des Nationalsozialismus. Mit 18 Jahren studiert sie Griechisch, Philosophie und Theologie in Marburg, wird Schülerin und Freundin des Philosophen Martin Heidegger. Mit dem Reichstagsbrand am 27. Februar 1933 sei sie politisch geworden, sagt Hannah Arendt. Es ist das Jahr der Machtergreifung und sie flieht nach Paris. Dort arbeitet sie in der Flüchtlingshilfe und emigriert schließlich 1941 ins Exil nach Amerika. Sie erkennt früh, dass totalitäre Regime auf Lügen aufgebaut sind. «Ideologien verstellen die Wirklichkeit und schwächen die politische Urteilskraft. Lügen werden als absolute Wahrheiten dargestellt», schreibt sie in ihrer *Theorie der totalen Herrschaft*.

Mit prophetischer Wucht untersucht sie die Abgründe totalitärer Regime, wie sie in Deutschland, Italien und Russland an der Macht sind. Sie vermag die Abscheu zurückzudrängen und gelangt dadurch zu Einsichten, die erst Dekaden später in die Geschichtswissenschaft Einzug halten werden. «Die Lüge wird zur Weltordnung gemacht. Es ist charakteristisch für unsere Zeit, dass die schlimmsten Verbrechen im Namen der Notwendigkeit begangen wurden. Totalitäre Politik ist nicht Machtpolitik im Sinne einer nie dagewesenen Übertreibung und Radikalisierung des alten Strebens nach Macht nur um der Macht willen. Hinter totalitärer Macht wie hinter totalitärer Realpolitik liegen neue, in der Geschichte bisher unbekannte Vorstellungen von Realität und Macht überhaupt.» Nicht die Unterwerfung sei das eigentlich Menschenverachtende dieser Diktaturen, sondern die Sinnlosigkeit. Es sei «eine Welt, in der den Menschen beigebracht wird, dass sie überflüssig sind, und wo es Arbeit gibt, ohne dass ein Produkt daraus entsteht, wo Sinnlosigkeit täglich neu produziert wird. Für die totalitäre Ideologie kann nichts sinnvoller und logischer sein. – Aus Gründen der messianischen Erlösung ist es im Totalitarismus notwendig, jede Spur davon, was wir gemeinhin die Würde des Menschen nennen, zu zerstören.»

1960 entführt der israelische Geheimdienst in Argentinien den ehemaligen SS-Obersturmbannführer Adolf Eichmann. Als Leiter des für die Vertreibung, Deportation und Ermordung von Millionen Juden zuständigen Referats im Reichssicherheitshauptamt wird ihm 1961 in Tel Aviv der Prozess gemacht. Hannah Arendt reist für den *New Yorker* als Prozessbeobachterin nach Israel und verfolgt das Geschehen. Sie erwartet ein menschenverachtendes Ungeheuer – und sieht einen in sich zusammengefallenen kleinen Beamten. Sie war, wie sie später schrieb, «hingefahren, weil ich wissen wollte, wie er aussieht, der radikal Böses getan hat». Doch dann sieht sie ihn in seiner Spießigkeit und sprachlich ungelenken Art. «Er war kein Antisemit – er hasste seine Opfer nicht. Je länger man Eichmann zuhörte, desto klarer wurde einem, dass seine Unfähigkeit, sich auszudrücken, mit einer Unfähigkeit zu denken verknüpft war.» Sie erkennt die unendliche Mittelmäßigkeit des Schlächters Eichmann. «Er war nicht imstande, vom Gesichtspunkte eines anderen Menschen sich irgendetwas vorzustellen.» Arendt erkennt, dass der auf Immanuel Kant zurückgehende moralische Begriff des klar umrissenen Bösen, das ein Motiv voraussetzt, bei diesem «Bürokraten des Todes» nicht gilt. Der Schritt vom Kleinbürger zum Vollstrecker der Vernichtung wird plötzlich sehr winzig. Wohl als Erste erkennt dies Hannah Arendt und entlarvt damit die Brüchigkeit moderner Gesellschaften.

Auf das Morden angesprochen, antwortet Eichmann: «Da bekam ich die Angelegenheit zur weiteren Bearbeitung und habe sie als Übermittlungsstelle behandeln müssen, so wie mir das befohlen war. Ich musste ja das machen, was mir befohlen wurde. – Ich bekam den Befehl, ob sie nun getötet wurden oder nicht, er musste durchgeführt werden. Das ist auf dem administrativen Wege durchgeführt worden, ich war nur ein Rädchen.» Hannah Arendt hört die «Amtssprache» Eichmanns, sie sieht, da ist kein Raubtier, nichts Unheimliches, sondern, wie sie schreibt, «ein Nobody». Eichmann ist kein Mephisto, er ist ein Wagner. Er bleibt selbst dann regungslos, wenn Angehörige von ihren ermordeten Verwandten sprechen und dabei zusammenbrechen.

Eichmann vergleicht den Treueeid der Nazizeit mit dem heutigen Eid vor Gericht. Hannah Arendt vermag alle Gefühle zur Seite zu stellen und wie eine Ärztin, die einen Patienten vor sich hat, auf dieses Phänomen des Bösen zu blicken. «Das Böse ist ein Oberflächenphänomen, wir widerstehen dem Bösen nur, wenn wir nachdenklich bleiben, das heißt, indem wir eine andere Dimension erreichen als die des täglichen Lebens. Je oberflächlicher jemand ist, desto eher wird er sich dem Bösen ergeben, das ist die Banalität des Bösen. Ein Anzeichen davon ist der Gebrauch von Klischees. Eichmann perfektes Beispiel.»

Edna Brocke, Arendts Nichte, die sie in den Gerichtssaal

begleitet hatte, erinnerte sich einmal in einem Interview des Bayerischen Fernsehens: «Sie war schon sehr beeindruckt von den Zeugen, die da befragt wurden, aber ich glaube, sie hatte eine Art Schere im Kopf, um sich zu sagen, du darfst dich von deinen Gefühlen nicht leiten lassen und du darfst dir deine klare rationale Analyse nicht verderben lassen durch die Empathie, die du fühlst.» Dies gelang ihr in einem unerhörten Maß und schenkte ihr dadurch gedankliche Freiheit. Doch zu dieser Freiheit vermochte sich außer ihr kaum jemand aufschwingen – zu nahe die Wunde, zu entsetzlich der Abgrund. «Die Leute nehmen mir übel, dass ich da noch lachen kann. Ich habe das Polizeiverhör von 3.600 Seiten sehr genau gelesen und ich sage: Adolf Eichmann ist ein Hanswurst. – Da ist keine Tiefe, das ist nicht dämonisch.» Als sie in ihrem ersten Artikel im *New Yorker* dieses Bild von Eichmann zeichnet, sind Freunde und Bekannte entsetzt. Niemand scheint sie zu verstehen. In einem Brief an Carl Jaspers schreibt sie: «Du hast ganz recht, es ist, als sei man in einen Hinterhalt geraten, und wie es um die Fairness dieses Kampfes aussieht, kannst du daran erkennen, dass der Aufbauverlag sich geweigert hat, auch nur eine Erklärung von mir zu drucken, etwas, das in diesem Land ganz ungewöhnlich ist.»

Hannah Arendt zeichnete mit einsamer Klarheit die Abgründe des Totalitarismus und entlarvte dabei dessen Gedanken- und Sinnlosigkeit. Gleichzeitig galt ihre Liebe der *Vita activa*, dem handelnden engagierten Leben. Gefragt, was denn das Denken von Hannah Arendt ausmache, antwortete der Philosoph Remin Jahanbegloo: «Sie interessierte sich für den Prozess, deshalb glaubte sie, dass es immer einen Neuanfang gibt und dass wir als Menschen die Gabe besitzen, immer wieder neu zu beginnen.» Ähnlich beschrieb es Margarethe von Trotta am Ende eines Gespräches mit Martin Wiebel: «Für mich ist sie eine Königin des Neuanfangs im Angesicht der Abgründe.»

Hannah Arendt, 1957. Foto: ullstein bild – Rex Features / SNAP/Shutterstock

«Ich lernte, dass man mit Kindern anfangen muss, wenn man mit Erfolg Kräfte schulen und Interesse wecken will.»

Emil Molt

Aus Verantwortung handeln – Emil Molt

Damit das Neue in die Welt kommen kann, sucht es Menschen, die Mut und Verantwortung verbinden können. Ein solcher Mensch war Emil Molt (1876–1936). Im Alter von 13 Jahren verliert er seine Eltern und ist von nun an auf sich allein gestellt. In einem Kolonialwarengeschäft macht er eine Ausbildung zum Kaufmann. Später schreibt er über seinen Chef Emil Georgii: «Pünktlichkeit, Gründlichkeit und Pflichtbewusstsein waren ihm in hohem Maße eigen und gingen auf ganz natürliche Weise auf uns über. So stand er als ganzer Mensch vor uns und wirkte charakterbildend, ohne viele, Worte zu machen.» Ins Jahr 1894 fällt das Ereignis, das, so Molt, sein Leben am meisten bestimmt habe. Er lernt seine zukünftige Frau Berta Heldmaier kennen. «Zuerst mussten einmal ein verliebter Vetter und ein anderer Liebhaber aus dem Feld geschlagen werden.» Diese Zeilen illustrieren den unternehmerischen Geist von Molt. Wie Molt in seiner Autobiografie über diese Begegnung schrieb, offenbart, dass er, der Mann der Tat, zugleich ein großes und tiefes Herz besaß. «Ich hatte meine Seele gefunden», notierte er über die Verlobung.

Die kaufmännische Arbeit führt Molt nach Patras in Griechenland. Er will die große Welt kennenlernen. «Die erste Zeit war jämmerlich für mich.» Er muss Griechisch, Italienisch und Französisch lernen und sich in internationalen Zahlungsverkehr einarbeiten. In dieser Zeit studiert Molt die Beziehung von Einzel- und Volkswirtschaft, und er erlebt den Krieg mit der Türkei sowie all das Chaos, das solch ein Konflikt bedeutet. Molt zögert, Griechenland wieder zu verlassen, schreibt aber später, dass er, wäre er geblieben, niemals die Anthroposophie kennengelernt hätte und sicherlich «ein Spießer geworden wäre». Eine solch offenherzige Selbstbeobachtung wirkt für das ausgehende 19. Jahrhundert außerordentlich modern. Wieder zurück in Deutschland, steigt er bei seinem ehemaligen Lehrmeister in Stuttgart in eine kleine Zigarettenfabrik ein.

Mit 30 Jahren findet er den Mut, die eigenständige Zigarettenfabrik «Waldorf-Astoria» mitzubegründen. Der Name des Unternehmens geht dabei auf das gleichnamige New Yorker Hotel zurück, das von dem in Nordamerika weithin bekannten Auswanderer Astor, der aus dem badischen Ort Walldorf stammte, aufgebaut worden war. Die Tatkraft Emil Molts und das weltweite Flair des Namens lassen die Firma «für den gehobenen Rauchbedarf» bald auf 1000 Beschäftigte wachsen. Die Marke wird international.

Emil und Berta Molt interessieren sich für Spiritualität und Persönlichkeitsentwicklung und begegnen dadurch der Theosophie. «Wenn Sie für so etwas Interesse haben, dann müssen Sie Dr. Steiner hören, wenn er wieder nach Stuttgart kommt», rät ihnen ein Geschäftsfreund. Dann ist es soweit. «Gleich beim ersten Hinsehen fühlten wir uns von Rudolf Steiners Persönlichkeit angerührt. Als er zu sprechen begann, waren wir es noch mehr.» Beide erkennen, dass sie nun die neue Richtung für ihr Leben gefunden haben. Bald wird kein Vortrag mehr ausgelassen, wenn Rudolf Steiner nach Stuttgart kommt, und nach einem Jahr kommt es schließlich zur ersten persönlichen Unterredung. «Klopfenden Herzens überschritten wir die Schwelle seines Zimmers. Er empfing uns gütig.» Das Gespräch endet damit, dass Steiner ihnen persönliche Meditationen empfahl. «Es waren das tiefe feierliche Augenblicke, die nach und nach eine völlige Wandlung in unserem Leben hervorriefen.»

Beide Molts verbinden sich immer mehr mit der Theosophischen Gesellschaft und nehmen in München an den *Mysteriendramen* von Rudolf Steiner teil. «Wir waren eine große Familie», beschreibt Molt das Zusammengehörigkeitsgefühl der folgenden Jahre in der Theosophischen und dann Anthroposophischen Gemeinschaft. Dann bricht der Erste Weltkrieg herein. Emil Molt hat das Glück, wegen Untauglichkeit nicht eingezogen zu werden, und kann die Tabakfabrik mit glücklicher Hand durch die Kriegsjahre führen. Die Molts verbringen in den folgenden Jahren viele Ferien am Goetheanum in der Schweiz, beteiligen sich an der künstlerischen Ausgestaltung der Räume und helfen bei Finanzfragen.

1918 endet – am besonderen Datum 9. November – das Deutsche Kaiserreich, es ist der Tag der deutschen Revolution. Rudolf Steiner greift die Dramatik in einem Vortrag über das Soziale auf, und im Publikum sitzt Emil Molt und hört aufmerksam zu.

Molt: «Mit klopfendem Herzen hörte ich den Satz: ‹Heute kann ich jemandem, der mich fragt, nur die Antwort geben, dass es sich heute nur darum handeln kann, dass man an jedem einzelnen Platz, an den man hingestellt wird, gerade wenn man Geisteswissenschaftler ist, durch ein wirklichkeitsgemäßes Beobachten der Situation, finden kann, was zu tun ist, und dass man auch die Mittel und Wege findet, um dasjenige, was getan werden muss, zu tun.›» Diesen Keim legt Rudolf Steiner in Emil Molt, und aus diesem Keim wird eine weltweite pädagogische Reformbewegung.

Was wird geschehen? Molt kehrt nach Stuttgart zurück, und in der Tabakfabrik erzählt der Werkmeister von einem Arbeiter, dessen kleiner Sohn wegen seiner guten Fähigkeiten von der Volksschule in eine höhere Schule versetzt worden sei. Molt erinnert sich an die Freude des Werkführers. «Ich konnte erleben, wie es auf einen Arbeiter wirkt, wenn seinem Kinde das zuteil wird, was dem Vater selbst versagt war. Aber ich erlebte auch, wie die Freude getrübt wurde dadurch, dass die Mittel für diese

Bildung nicht aufgebracht werden konnten, denn der glückliche Vater war einfach nicht in der Lage, Schul- und Büchergeld zu bezahlen. Ich empfand da die ganze Tragik der arbeitenden Klasse, aus Geldmangel abgehalten zu sein, sich am Bildungsgang der Vermögenden zu beteiligen, und bekam eine Ahnung davon, was es für den sozialen Fortschritt bedeuten könnte, wenn viele Unternehmer dafür eine Einsicht gewännen.» An diesem Gespräch entzündet sich der Gedanke einer Schulgründung. «In meinem Bewusstsein lebt diese Unterhaltung als die Geburtsstunde für die Idee einer Waldorfschul-Gründung», fasst Molt später zusammen. An dem Datum der Freiheit, dem 9. November, legte Rudolf Steiner den Keim in die Seele von Emil Molt, dessen Herz und Verstand so groß war, in dem kleinen Gespräch mit dem Werkführer die Antwort zu erkennen.

Wie schnell dann alles geht! Am 27. Januar 1919 hat Molt mit Freunden bei Rudolf Steiner eine längere Unterredung. Als spüre dieser Molts Idee, meint er: «Man müsste zuerst aus dem Geld, das man noch hat, freie Schulen gründen, um den Leuten das beizubringen, was sie brauchen.» Molt schreibt später: «Es war wieder einer jener häufigen Momente, wo Dr. Steiner aussprach, was man selbst als noch ungeklärtes Problem in der Seele trug.» Die Idee lässt ihn in den folgenden Tagen nicht mehr los. «Als bald darauf die Andrucke der ‹Kernpunkte› herauskamen, da stand für mich fest, dass wir eine Waldorfschule für die Kinder unserer Angestellten und Arbeiter gründen müssten.» Jetzt geht es Schlag auf Schlag. Molt schaufelt 100.000 Reichsmark aus der Tabakfirma heraus, Rudolf Steiner übernimmt die Leitung der neuen Schule. Am 27. April folgt die erste Lehrerbesprechung, Karl Stockmeyer reist durch Deutschland, um Lehrer zu finden, einen Monat später werden Gebäude auf der Uhlandshöhe zum Kauf angeboten. Zu groß und zu teuer, aber Molt kauft sie. Am 20. August beginnt Rudolf Steiner schließlich seinen Kurs für die

Lehrer. Am 31. August ist der erste Elternabend, und schon am 7. September beginnt der erste Waldorfunterricht.

Bei der festlichen Eröffnungsrede vor den vom Krieg ermüdeten Menschen erklingen dann hoffnungsvolle Worte von Rudolf Steiner: «Zum Erziehungswesen der Zukunft bedarf es einer neuen Menschenkunde, einer neuen Menschenliebe!» Die Empfänglichkeit und Geistesgegenwart von Emil Molt, der Wille und Mut von Emil Molt haben es möglich gemacht. Dieser fasst es später wie folgt zusammen: «So ist es ja mit allen großen Dingen, die man als Ideale verfolgt: Sobald man anfängt zu rechnen, schwinden die Kräfte zur Erreichung des Zieles.»

Berta und Emil Molt, um 1925. Foto: Verlag Freis Geistesleben, *Entwurf meiner Lebensbeschreibung*.

«Der Pfad des Erfinders ist mit Stöhnen geplagt, mit Fausthieben durchsetzt und von Kopfkratzern unterbrochen.»

James Dyson

Unermüdlichkeit – James Dyson

«Liebst du deine Idee?» Das ist in Ratgebern für Unternehmensgründer oder Erfinder wohl die wichtigste Frage. Es ist die Frage, wie ernst es einem ist mit seinem Vorhaben, wie viel Engagement und Schweiß, wie viel Tränen und Wohlstand man bereit ist, für dieses eigene Neue hinzugeben. Ein Mensch, der diese Frage sicher mit einem Ja beantworten kann, ist der am 2. Mai 1947 geborene englische Erfinder und Produktentwickler James Dyson. Seine wohl bekannteste Schöpfung ist ein Staubsauger. Dieser sieht aus, als wäre er einem Science-Fiction-Film entsprungen, und klingt, als werfe ein Flugzeug seine Turbinen an. Als dritte Überraschung bietet dieses Gerät einen Klarsichtbehälter, in dem sich der Hausstaub in einer dramatischen Wirbelbewegung sammelt. Es ist der von James Dyson entwickelte beutellose Staubsauger, der mittlerweile in über zehn Millionen Haushalten den Schmutz beseitigt.

In den letzten Jahren gesellten sich aus Dysons Hand ein nicht weniger futuristisch aussehender Föhn und ein Händetrockner hinzu. Es gibt wahrlich nicht viele Haushaltsgeräte, die so mit einem Namen verknüpft sind, wie jene dieses englischen Entwicklers, der ursprünglich ein Künstler war. James Dyson hat eine Autobiografie geschrieben, wodurch man Einblicke in den «unangepassten Dickschädel» gewinnen kann, wie er sich selbst nennt. Er beschreibt, wie er als Kind täglich zehn Kilometer zum Schulunterricht lief und abends häufig noch einmal die gleiche Strecke zurück. Er nennt es die bedeutendste Lehrstunde seiner Jugend, denn hier habe er die physische und psychische Kraft kennengelernt, die «wettbewerbsfähig» mache: die Hartnäckigkeit. Und tatsächlich wird diese Eigenschaft bei ihm auf eine schwere Probe gestellt werden.

Es ist aber nicht der Sport, sondern die Kunst, die ihm schon früh Anerkennung schenkt. Mit neun Jahren gewinnt er einen Malwettbewerb. Nach der Schule studiert er an einer Kunsthochschule, und erste Projekte gelten einem Kinderstuhl aus Schaumstoff und einem Bühnenbild für eine große Hamlet-Inszenierung in einer ausgedienten Halle für Lokomotiven.

Dyson zieht es im Design immer mehr zur Technik. Er bastelt und baut, und schließlich entsteht sein erster wirtschaftlicher Erfolg: ein flaches und schnelles Floßboot, eine sogenannte Hochgeschwindigkeitsbarkasse. Als Kundschaft denkt Dyson an den schottischen Adel beim Fischfang, aber auch an die Marine. Ob bei diesem kiellosen Boot oder später bei Föhn und Staubsauger, stets sucht Dyson die «andere Technik» mit dem «anderen» funktionalen auffallenden Design. Dieter Rahms, Chefdesigner bei der Firma Braun in Deutschland, kann er nicht verstehen. Rahms glaubt an das Design, das man nicht sieht, weil es so selbstverständlich, weil es «einfach» ist. Jonathan Ive, Chefdesigner von Apple und Vater des iPhone und iPad, nennt Rahms als seinen geistigen Vater. Dyson aber geht einen anderen Weg, er will eine Form schaffen, die die neue Technik inszeniert und erlebbar werden lässt. «Perfekte Schönheit kommt nur zur Geltung, wenn Form und Funktion eins werden», schreibt Dyson und meint damit, dass eine neue Funktion auch eine neue Form erfordere.

Immer wieder klingt in seiner Biografie an, dass ihn eine Idee regelrecht heimsucht und er daraufhin enormen Durchhaltewillen entwickelt, diese Idee Wirklichkeit werden zu lassen. So werden einmal in der Schule verschiedene Musikinstrumente vorgestellt. Dyson hört nur das Wort «Fagott» und fasst den Entschluss, dieses schwere Instrument zu erlernen. Bald schon sitzt er im Orchester als Fagottist. Hat er im Studium die Ehrfurcht vor Experten und Expertisen gelernt, so folgt er danach seinem *Modus operandi*: Man macht alles auf seine eigene Art. Sein Flachboot verkauft er in viele Länder. Er lernt die Welt kennen und entdeckt dabei, dass eine Erfindung nicht mit der Produktion abgeschlossen ist, sondern mit jedem Kundengespräch und -wunsch weiterentwickelt werden muss.

Jede Erfindung ist bei Dyson existenziell. Auch der sogenannte *Ballbarrow*, eine Schubkarre mit einem Ball als Rad, lässt ihn jubeln und verzweifeln. Patentstreitigkeiten, horrende Anwaltskosten, Missgunst von Mitbewerbern – all das gibt ihm einen Vorgeschmack auf das, was ihm bei seiner größten Erfindung, dem beutellosen Staubsauger, begegnen soll. «Ich lernte, dass eingefleischte Profis sich immer länger gegen eine Neuerung stemmen als der Privatverbraucher», stellt Dyson resigniert fest, als kein Bauunternehmen seine originellen Schubkarren kaufen will. Immer wieder müssen James Dyson und seine Frau Deidre von vorne anfangen, weil sie die Entwicklungskosten einer Idee Haus und Hof kosten.

Als er dann 1978 in seiner Werkstatt eine Entstaubungsanlage reparieren muss, stellt er fest, dass die Poren im Staubbeutel durch den Feinstaub immer wieder verstopfen und dadurch die Saugleistung in die Knie geht. Er hört von Sägewerken, die ein anderes System besitzen. Bei diesem streicht die sägemehlhaltige Luft über eine kegelförmige Röhre. Dabei wird die Luft kreisförmig beschleunigt, sodass Staub und Sägemehl durch die Zentrifugalkraft am Rand herunterrieseln. Dyson fährt – so will es die Geschichte – nachts zu einer Sägerei, um unbeobachtet solch eine kegelförmige Apparatur, einen sogenannten «Zyklon», zu studieren. Solch einen Zyklon verkleinert als Staubsauger zu betreiben – das nennt er die Idee seines Lebens. Doch es braucht viel Hartnäckigkeit! «Wenn man einen Prototyp entwickelt, darf man immer nur ein Element verändern, also muss man Geduld haben, wenn man wirklich etwas verbessern will. Darum geht es bei Erfindungen: um sehr viel Geduld.» Das gilt leider nicht nur der Idee gegenüber, sondern auch den vielen Patentprozessen und Fußschlingen der großen Mitbewerber.

Bis Dyson 1993 mit seinem neuen Staubsauger auf den Markt kommen kann und schlussendlich in England Marktführer wird, ist es noch ein langes Auf und Ab, folgen Demütigungen, Überschuldung und Ratlosigkeit, die allesamt seine Unerbittlichkeit auf eine schwere Probe stellen. In seiner Biografie listet Dyson all das auf, worauf es bei einer Erfindung ankomme. Er bezieht sich dabei zwar auf eine Erfindung, aber diese Hinweise lassen sich auf viele Ideen, auf vieles Neues übertragen:

Interesse – Man solle nicht aufs Zeichenbrett starren, sondern seinen Beobachtungs- und Erkenntnisradius so weit wie möglich ausdehnen. «Schauen Sie sich um!»
Unzufriedenheit – Es lohnt sich zu bemerken, was einen im Alltag stört. In dieser urmenschlichen Reaktion steckt die Triebfeder des Neuen. Es ist der erste Schritt, um ein bestehendes Produkt zu verbessern.
Substanz – Alles, was man sich ausdenkt, hat schon mal jemand ähnlich oder rudimentär ins Auge gefasst. Nur wenn das Neue auch den Kern betrifft, hat es eine Chance, auch vom Patentamt anerkannt zu werden.
Unerschrockenheit – Ingenieurskunst ist keine Fähigkeit, sondern eine Geisteshaltung. Es mag überraschen, aber Dyson selbst ist der Beweis: Man kann in sechs Monaten zum Experten eines jeden Gebietes werden.
Pflege – Das Neue hervorzubringen bedeutet, fortwährend die eigenen Ergebnisse zu überdenken, zu prüfen und zu verbessern. Es gibt, so Dyson, nur einen Weg, den Besitz an einer Erfindung nicht zu verlieren: Man muss ständig ihre Stärken ausbauen.

Ästhetik – Das Neue braucht eine Form, durch die es sichtbar wird, mit der es korrespondiert. Die Form allein ist es nicht, aber diese Form weist immer wieder auf das Innere. Innen und Außen sind zwei Seiten einer Medaille.
Ausdauer – Jede Initiative stört die bestehende Ordnung, und diese Ordnung setzt sich zur Wehr. Das verlangt Mut und Ausdauer.
Vaterschaft – Es reicht nicht, einen Geistesblitz zu haben; man sollte sein Kind auch selbst großziehen bzw. die Fäden selbst in der Hand behalten.
Zu ergänzen ist als neunter Punkt die *Freundschaft*, denn ohne das Vertrauen und die Opferbereitschaft seiner Frau Deidre Dyson wäre diese Idee seines Lebens, wie James Dyson selbst betont, niemals Wirklichkeit geworden.

James Dyson, 2006. Foto: Jiri Rezac / VISUM

«Man wird nur dadurch dem Menschen gerecht,
dass man in jedem Einzelnen einen neuen Menschen sieht.»

Rudolf Steiner

Das Gespräch

Alles wirkliche Leben ist Begegnung

Es geschieht sehr oft: Eine neue Erfindung oder Entdeckung wird an verschiedenen Orten und ohne gegenseitiges Wissen gleichzeitig gemacht. Ob die Differenzialrechnung von Gottfried Leibniz und Isaac Newton oder die erste Glühbirne von Joseph Swan und Thomas Edison – eine Idee scheint in der Luft zu liegen, sodass mehrere Forscherinnen und Forscher zur gleichen Zeit danach greifen können – die Liste mit den entsprechenden Patentstreitigkeiten ist wahrlich nicht kurz. Sicher spielt auch der Geist der Zeit eine Rolle. So gab es Anfang des 19. Jahrhunderts einen inneren Aufbruch, Goethe schrieb den Faust, Beethoven brach mit den Gesetzen der klassischen Sonatensatzform. Der Zeitgeist war es wohl auch, der den drei Mathematikern Friedrich Gauss in Deutschland, Nikolai Lobatschweski in Russland und János Bolyai in Ungarn Wind unter die Flügel blies, sodass sie mit der Projektiven Geometrie nach 2000 Jahren vergeblicher Mühe das Unendliche eroberten. Der Grenzwissenschaftler Rupert Sheldrake erklärt diese Simultanität der Ideen mit «Morphogenetischen Feldern», überstofflichen Kraftquellen, die mehrere Menschen gleichzeitig inspirieren können. Wer einen Gedanken fasst, der stärkt dieses Feld, macht anderen die Inspiration möglich. Rudolf Steiner geht in seiner *Geisteswissenschaftlichen Menschenkunde* einen ähnlichen Weg. Man würde, so Steiner, geistige Linien in die Welt der Ideen knüpfen und dadurch mit anderen Menschen in Verbindung kommen. Dies ist deshalb ein schöner Gedanke, weil aus ihm folgt, dass dann, wenn etwas gelingt, es für andere Menschen leichter ist, dies ebenfalls zu versuchen.

Der Biologe Stuart Kauffman gibt eine materielle Erklärung, die er mit der Vokabel des «Nächstmöglichen» zusammenfasst. Zwei Beispiele: Der Arzt Stephane Tarnier arbeitet 1870 in einer Entbindungsstation für mittellose Frauen in Paris. Die Sterblichkeit von frühgeborenen Babys ist damals hoch. Da fällt ihm ein Brutkasten für Hühnereier ins Auge, und die Idee des Brutkastens für frühgeborene Kinder ist geboren. Tatsächlich ist es nur ein kleiner Schritt: Tarnier überträgt das Prinzip des Wärmekastens. Es ist das «Nächstmögliche» zum Heil von Millionen Neugeborener, die so überleben können.

Auch das Internet ist eine Erfolgsgeschichte von nächstmöglichen Erfindungen. Am Anfang der 1990er-Jahre sind es Textzeilen, die verschickt werden, dann folgen Bilder, schließlich Filme. Jeweils das Naheliegende wird ergriffen. Es sind die unzähligen kleinen Schritte, Versuche und Experimente, die so fortwährend Neuland erzeugen. Was in der Natur die Variation, die Vielfalt der Lebensformen ist, das ist in Kunst und Technik das Spiel mit dem Gegebenen, das zu Neuem führt.

Es sind also nicht die großen Sprünge, die den Fortschritt bedeuten, sondern die vielen kleinen und kleinsten Schritte. Während ein Sprung von dem einen bewältigt wird, gilt bei Schritten, dass hier viele unterwegs sind. Je offener und kommunikativer eine Gesellschaft ist, umso leichter gelingt es, von den Schritten der anderen zu lernen und das, was diese neu erfahren, in den eigenen Schritt einzubauen.

Die große Veränderung wird häufig als «Quantensprung» bezeichnet. Doch ein Quantensprung ist in der Physik der kleinstmögliche energetische Schritt. Jeden Schritt, den jemand unternimmt, sehen die umgebenden Menschen und werden danach inspiriert, selbst voranzugehen. Je mehr man voneinander hören und lernen kann, umso innovativer ist deshalb eine Gemeinschaft.

Der Psychologe Kevin Dunbar von der McGill Universität

in Montreal will in den 1990er-Jahren herausfinden, wie neue wissenschaftliche Ideen und Erfindungen zustande kommen. Statt Biografien zu studieren, stellt er in den vier führenden Molekularinstituten der USA Kameras auf und interviewt zudem die Wissenschaftler über ihre Forschungen. Im Interview erscheinen die Entdeckungen dabei häufig als geradliniger plausibler Erkenntnisweg. Die vielen Misserfolge und Umwege verblassen, wenn man zurückblickt. Die Kameras aber halten all die Sackgassen und all das Scheitern fest. Die Psychologen extrahieren nun aus dem Filmmaterial eine Art Bewegungsmuster der Informationen und Lernprozesse in den Instituten. Überraschendes Ergebnis: Die meisten Durchbrüche gab es nicht am Labortisch, nicht in den einsamen Stunden am PC oder vor den Reagenzgläsern, sondern während der Besprechungen, wenn sich die Wissenschaftler locker über ihre Arbeit austauschten und fachsimpelten. Vor allem dann, wenn mehrere Forscher beisammensaßen, entstand eine empathische Atmosphäre; neue Blickwinkel, unkonventionelle Überlegungen kamen hier leichter auf den Tisch. Dabei hielten die Kameras auch fest, dass sich die Sitzordnung den jeweiligen Fragen anpasste. Je nachdem, wer sich für ein bestimmtes Problem interessierte, setzte sich mit entsprechenden Wissenschaftlern zusammen. «Flüssige Netzwerke» nennt der Autor Steven Johnson diese Atmosphäre des Neuen und zieht die Parallele zum Gehirn. Denn auch dort ist der Auf- und Abbau der Verbindungen das Wichtigste. Für die gegenseitige Inspiration ist somit der offene Raum, das flüssige und situative Miteinander, das Beste. Daher überrascht es nicht, dass Entwicklungsabteilungen innovativer Institute heute als offene Räume mit Rückzugsmöglichkeiten und vielfältigen Begegnungsmöglichkeiten gestaltet sind, sodass ein Spiel von Ordnung und Chaos, von Konzentration und Inspiration, von Einsamkeit und Gemeinschaft möglich wird. Meist geht es um den kurzen fragilen Moment, in welchem dem einen eine Ahnung durch den Kopf geht, die erst durch den Zweiten zum Weg wird. Johnson führt hier das «Phönix-Memo» als dramatisches Beispiel an. Dem in Arizona arbeitenden FBI-Agenten Ken Williams war aufgefallen, dass sich mehrere unter Terrorverdacht stehende Muslime als Flugschüler eingeschrieben hatten. Er vermutete ein Langzeitprojekt von Al Kaida und schickte ein sechsseitiges Dokument an die FBI-Zentrale. Weil es nicht mehr als eine vage Ahnung war, wurde dem Hinweis nicht weiter nachgegangen. Hätte Williams seine Vermutung aber an einem der Kaffeetische der Entwicklungslabors geäußert, dann wäre vielleicht ein zweiter Wissenschaftler mit seiner Ahnung herangerückt – die Idee hätte Gewicht bekommen. Ob aus einer vielversprechenden Ahnung, einer flüchtigen Intuition oder Eingebung mehr werden kann, hängt von der Umgebung ab. Der Same muss auf einen fruchtbaren Boden fallen. Fällt der Same auf den heißen Stein, so vertrocknet er.

Wie aber gelingt es, die einmal ausgesprochene Ahnung am Leben zu halten? «Ein dürres Blatt im Wind getrieben, sieht öfters einem Vogel gleich.» Diese alltägliche Beobachtung notierte Goethe in sein Tagebuch. Warum? Weil er den Wert dieses Moments des Ungewissen, des ahnenden Erkennens zeigen wollte. Es ist der schöpferische Zustand des Bemerkens, aber Noch-Nicht-Verstehens. Vermag aber eine Gemeinschaft eine Ahnung am Leben zu lassen und sie nicht im Für und Wider zu zermahlen? Die Ahnungen und Anflüge des Geistes im Einzelnen zu bemerken und mit anderen zu verbinden, diesen empathischen Hörraum zu kultivieren, das ist die Brücke von individueller und gemeinschaftlicher, kollektiver Intelligenz. Mein Freund Bodo von Plato nennt es «das inspirative Feld». Einfühlungsvermögen und Aufmerksamkeit, Empathie und Geistesgegenwart als Herz und Kopf zählen hier. Tatsächlich – wenn es um das Neue geht, dann sind sich Herz und Kopf nahe.

Literatur

Hannah Arendt, *Eichmann in Jerusalem – Ein Bericht von der Banalität des Bösen*, München 2011.

Albert Bandura, *Self-Efficacy. The Exercise of Control*, New York 1997.

Ernst Bindel, *Johannes Kepler, Mathematiker der Weltgeheimnisse*, Stuttgart 1987.

Stefan Brotbeck, *Zukunft: Aspekte eines Rätsels*, Dornach 2005.

Max Caspar, *Johannes Kepler*, Stuttgart 1995.

James Dyson, *Sturm gegen den Widerstand*, Hamburg 2004.

Thea Dorn, Richard Wagner, *Die deutsche Seele*, München 2011.

Angela Elis, *Mein Traum ist länger als die Nacht – Wie Bertha Benz ihren Mann zu Weltruhm fuhr*, Hamburg 2010.

Dietrich Esterl, *Emil Molt 1876–1936. Tun, was gefordert ist*, Frankfurt 2012.

Albrecht Fölsing, *Wilhelm Conrad Röntgen. Aufbruch ins Innere der Materie*, München 1995.

Steven Johnson, *Wo gute Ideen herkommen. Eine kurze Geschichte der Innovation*, Bad Vilbel 2013.

Robert McKee, *Story – Die Prinzipien des Drehbuchschreibens*, Berlin 2011.

Emil Molt, *Entwurf meiner Lebensbeschreibung*, Stuttgart 1972.

Emil Molt, «Dr. Rudolf Steiner und die Waldorfschule – Erinnerungen und Rückblicke auf die Gründungszeit der Waldorfschule in Stuttgart», in: *Die Drei* 5/1925.

Novalis, *Fragmente in Novalis Werke*, München 1969.

Claus Otto Scharmer, *Theorie U – Von der Zukunft her führen*, Heidelberg 2007.

Rupert Sheldrake, *Das schöpferische Universum*, München 2008.

Rudolf Steiner, *Allgemeine Menschenkunde als Grundlage der Pädagogik: Menschenkunde und Erziehungskunst. Ein pädagogischer Grundkurs.* 14 Vorträge und 1 Ansprache, Stuttgart 1919. Rudolf Steiner Gesamtausgabe (GA) 293, Dornach 1992 (9. Auflage).

Rudolf Steiner, *Die Geheimwissenschaft im Umriss.* GA 013, Dornach 2013 (31. Auflage).

Rudolf Steiner, *Geistige Wirkenskräfte im Zusammenleben von alter und junger Generation. Pädagogischer Jugendkurs.* 13 Vorträge, Stuttgart 1922. GA 217, Dornach 1988 (6. Auflage).

Johannes Tautz, *Die Freie Waldorfschule – Ursprung und Zielsetzungen*, Stuttgart 1972.

Mathias Wais, *Ich bin, was ich werden könnte – Entwicklungschancen des Lebenslaufs. Aus der Biographieberatung*, Frankfurt 2011.

Martin Wiebel (Hrsg.), *Hannah Arendt – Ihr Denken veränderte die Welt*, München 2013.